The Cross

The Wisdom & Power of God

Diwai Kros

Save na Strong bilong Bikpela

Studies in 1 Corinthians
Ol stadi i kam long 1 Korin

by Mike Jelliffe

NENGE BOOKS, Australia

The Cross – the Wisdom and Power of God
(Diwai Kros – Save na Strong bilong Bikpela)
Published by Nenge Books, Australia, September 2016
ABN 26809396184
Email: nengebooks1@gmail.com

First revision, January 2017
Second revision, March 2017

English Scripture taken from the HOLY BIBLE, NEW INTERNATIONAL VERSION. Copyright © 1973,1978, 1984 International Bible Society. Used by permission of Zondervan Bible Publishers.
Tok Pisin Scripture taken from BUK BAIBEL © Bible Society of Papua New Guinea 1989.

This book or parts thereof may not be reproduced in any form, stored in a retrieval system, or transmitted in any form – electronic, mechanical, photocopy, recording or otherwise – without prior written permission of the publisher.

Copyright © Michael A. Jelliffe 2016
All rights reserved.

Cover photo – PNG local church, photograph © Michael A. Jelliffe 2016

This book is available at discount wholesale prices directly from the publisher for PNG churches. Email to nengebooks1@gmail.com. It can also be ordered through a Christian bookshop.

ISBN 978-0-9925620-8-3

*Dedicated to the many pastors serving God
in the remote corners of PNG.*

*Mi makim dispela buk long tok tenkyu long planti ol
pasta lain long bus husat i wok long bihainim Bikpela.*

Contents

Preface 7

Introduction 8

Study 1 – The Church at Corinth 12
   1. The Corinthian church is born 12
   2. Problems in the Corinthian Church 16
   3. The city of Corinth in Paul's time 18
   4. Paul defends his preaching style 20
   5. The Corruption of Cultural Pride 22

Study 2 - Wisdom and Foolishness 24

Study 3 – Good Friday - Crucifixion 28
   1. Holiness 30
   2. Righteousness 32
   3. Redemption 34

Study 4 - Easter Saturday - Sabbath 40
   1. The Tomb 40
   2. The Humanity of Jesus. 46
   3. The Spectre of Slavery 48
   4. The Defeat of Satan 56

Study 5 - Easter Sunday - Resurrection 62
   1. The Power of God 62
   2. Christ Raised from the Dead 64
   3. The Significance of the Resurrection 72
   4. The Importance of the Resurrection 74
   5. The Application of the Resurrection 80

Namba bilong Pes

Stadi 1 – Sios i stap long Korin **13**
   1. Sios long Korin i kamap *13*
   2. Sampela hevi i stap long sios Korin *17*
   3. Korin em i wanem kain siti taim Pol em i stap *19*
   4. Pasin bilong Pol long autim tok *21*
   5. Pasin bilong tumbuna i save litimapim nem bilong ol............ *23*

Stadi 2 – Save na Kranki Tinging **25**

Stadi 3 – Jisas Dai long Diwai Kros **29**
   1. Pasin Holi *31*
   2. Wokabaut long pasin bilong God *33*
   3. Baim Bek *35*

Stadi 4 - Sabat De **41**
   1. Ples Matmat *41*
   2. Jisas em i Man Trutru. *47*
   3. Kalabus olsem wokboi nating *49*
   4. Jisas Winim Seten *57*

Stadi 5 – Kirap gen long matmat **63**
   1. Powa bilong God *63*
   2. Krais em i Kirap Bek long Matmat *65*
   3. As Tru bilong Kirap Bek bilong Jisas *73*
   4. Bikpela samting bilong Kirap Bek *75*
   5. Kirap Bek em i wanem long laip bilong yumi? *81*

Preface

The studies in this book developed from three Easter messages that I delivered at the Mt Hagen Evangelical Church of PNG (ECPNG) over Easter 2014. There was such a positive response that I wanted to be able to share this material with a wider church audience.

I have designed this book as a series of inductive Bible studies. In other words, it is designed to help you, the reader, explore the Scriptures and, individually or in a group, discuss their relevance and applicability within your own cultural context. Some background teaching is included to help set the context of the location or issue.

This material can also be used as a resource for Pastors, Ministers and church leaders regardless of denomination, and permission for them to freely use any ideas from this book in their ministry, including for preaching notes, is hereby given. Email the publisher for permission to scan or photocopy from this book however books are available from the publisher or can be ordered from any Christian bookshop (quote the ISBN). Wholesale discount rates apply to PNG church orders made directly to the publisher (email: nengebooks1@gmail.com).

Reading the Scriptures is not just an academic exercise, as Paul himself says in 1 Corinthians. It is a faith exercise. That means that the message must transfer from head to heart, and from heart to hands and feet. The challenge for you, the reader, is to make these Scriptures come alive in you and your community by living out the life directions they illuminate as you follow Jesus Christ.

It is my prayer that those who read this book and study the Scriptures quoted will find themselves challenged to follow Jesus in a much deeper way.

(Pastor) Mike Jelliffe
August 2016

Introduction

The focus of Easter is the Cross of Jesus Christ – his death on it, and his resurrection from that death. These studies consider what the Apostle Paul wrote about the cross and resurrection in 1 Corinthians, particularly Chapters 1 and 15, as well as other books of the Bible. They do not discuss the historical facts about the events of the crucifixion and resurrection of Jesus, as found in the Gospels, rather they seek to understand the meaning of the Cross from Paul's insights through his writings.

Many churches and denominations have sprung up in Melanesia in recent decades. With them has come a host of theologies and doctrines, as well as practices. Regardless of denomination though, every church has a responsibility to keep its eyes on Jesus Christ, its Lord and King, otherwise it risks becoming sidetracked in inerrant doctrine and leading people into a false gospel.

At the same time many Christians in Melanesia struggle with how to balance the message of Jesus and the pull of cultural practices, rooted in traditional belief systems. So, many people practice both but still don't find spiritual freedom.

Paul addresses some of these issues as he focuses once again on the central doctrine of Jesus Christ – Christ crucified and resurrected.

I have deliberately written this book in both English and PNG Tok Pisin. English because there are many people in Melanesia who enjoy the use of English and will appreciate the broader scope of vocabulary and meaning it offers. Tok Pisin because I want these studies to be fully available as a resource to the mainstream of people in PNG, regardless of their ples or language. English pages are on the left, Tok Pisin on the right so that readers can refer to either language with the same pages open.

Tok Pisin is a living language with subtle differences around the country. It is flexible enough though that I believe most Tok Pisin readers will be able to understand the intended meanings in the text even if local nuances of words and even grammar as written here varies.

The book is structured as a series of studies, with some background information, contextual insights into Scripture passages, and questions, often based on reading a passage in Scripture first. It is through answering these questions that the reader will discover the depth of meaning for themselves and their group. In that sense, this book is just a tool to help you understand the Scriptures better. How you apply these truths will be your challenge.

In the studies, sections have small pictures to help you see immediately what is required:

📖 means READ this Bible passage before continuing. (RITIM dispela ves pastaim).

✎ means write your answer here if you wish to keep a written record. You may prefer to just discuss the question with your group first. (RAITIM bekim bilong yu long hia tasol gutpela yu toktok wantaim grup bilong yu pastaim).

"Since the children have flesh and blood, he too shared in their humanity so that by his death he might destroy him who holds the power of death – that is, the devil – and free those who all their lives were held in slavery by their fear of death."

Hebrews 2:14-15 (NIV)

"Ol dispela pikinini Jisas i tok long en, em ol manmeri tasol. Olsem na Jisas tu em i kamap man wankain olsem ol, bai em i ken i dai, na long dispela pasin em i ken bagarapim Satan, em dispela man i gat strong bilong mekim ol manmeri i dai. Ol manmeri ol i save pret long dai, na olgeta taim ol i stap long graun, dispela pret bilong ol i stap olsem kalabus bilong Satan. Tasol Jisas em i dai bilong lusim ol long dispela kalabus."

Hibru 2:14-15 (Buk Baibel)

Study 1 – The Church at Corinth

1. The Corinthian church is born

📖 Read **Acts 18:1-18**

This is the story of how the gospel first came to the city of Corinth. Answer these questions by yourself or in your group. This will introduce you to the style of question and answer used in these studies.

Who was the person who first brought the gospel to Corinth (vs1)?

✎ *Paul*

Who did he meet at Corinth? (vs2)

✎

Why did he stay with them? (vs3)

✎

What outreach did he do every Sabbath? (vs4)

✎

Who were the two co-workers that came to join him? (vs5)

✎

What did he do after his co-workers arrived? (vs5)

✎

Stadi 1 – Sios i stap long Korin

1. Sios long Korin i kamap

📖 Ritim **Aposel 18:1-18**

Dispela stori em i toksave long yumi olsem gutnius i bin kamap long siti bilong Korin olsem wanem. Ritim ol askim na bekim. Yu ken wokim long yu yet o bung wantaim narapela. Long dispela bai yu lukim dispela pasin bilong askim na bekim i stap long dispela buk.

Husat i bin bringim gutnius i kam long Korin pastaim? (vs1)?

✎ Pol

Em i bungim husat long Korin? (vs2)

✎

Long wanem em i bin stap wantaim tupela? (vs3)

✎

Em i mekim wanem samting long olgeta Sabat de? (vs4)

✎

Husat tupela wokman ol i kam bung wantaim em? (vs5)

✎

Taim tupela i kam pinis long Korin, Pol em i mekim wanem samting? (vs5)

✎

The Cross: The Wisdom and Power of God

What response did he get from the Jews? (vs6)

✎

What people believed in the message? (vs7,8)

✎

What group of people made an attack on him to get rid of him? (vs12, 13)

✎

What did Gallio the magistrate say? (vs14-16)

✎

How did the Lord encourage Paul in his ministry in Corinth? (vs9-10)

✎

How long did Paul stay in Corinth? (vs 11)

✎

What kind of people did the Corinthians show themselves to be in Paul's experience?

✎

Ol Juda lain ol i mekim wanem long ol? (vs6)

🖎

Husat manmeri i bin harim tok na bilip? (vs7,8)

🖎

Wanem lain manmeri i bin paitim em? (vs12, 13)

🖎

Taim ol i kotim Pol, Galio i tok wanem long ol? (vs14-16)

🖎

Bikpela bin givim strong long Pol long mekim ministri long Korin olsem wanem? (vs9-10)

🖎

Hamas Krismas o mun Pol i bin istap long Korin? (vs 11)

🖎

Long tingting bilong yu, Pol i luksave olsem ol manmeri bilong Korin ol i wanem kain manmeri?

🖎

2. Problems in the Corinthian Church

By the time Paul came to write this first letter to the church at Corinth (1 Corinthians), it was a church with many problems. Paul as the founding apostle of the church wanted to bring them teaching to address some of these problem areas.

What were some of the problems in the church that Paul wrote to the Corinthians about? Read these verses from **1 Corinthians** and discuss or write down the problem in your own words.

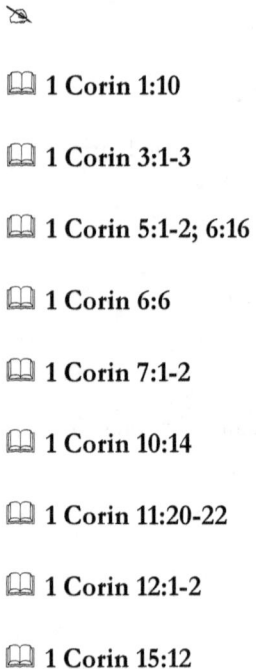

📖 **1 Corin 1:10**

📖 **1 Corin 3:1-3**

📖 **1 Corin 5:1-2; 6:16**

📖 **1 Corin 6:6**

📖 **1 Corin 7:1-2**

📖 **1 Corin 10:14**

📖 **1 Corin 11:20-22**

📖 **1 Corin 12:1-2**

📖 **1 Corin 15:12**

When you think about the Corinthian church and your own church, are there any problems or challenges that you or your church face which are the same? What are they?

2. Sampela hevi i stap long sios Korin

Bihain Pol bin raitim pas igo long ol lotu lain bilong Korin. Tasol nau i gat planti hevi istap. Pol em i papa aposel bilong sios na em i gat laik long helpim sios. Olsem na em i salim pas long skulim ol long gutpela pasin bilong bihainim Bikpela.

Wanem hevi o problem Pol i tokaut long en long ol dispela ves? Ritim ol dispela ves i kam long **1 Korin** na toktok long ol dispela hevi, na raitim bekim bilong yu hia.

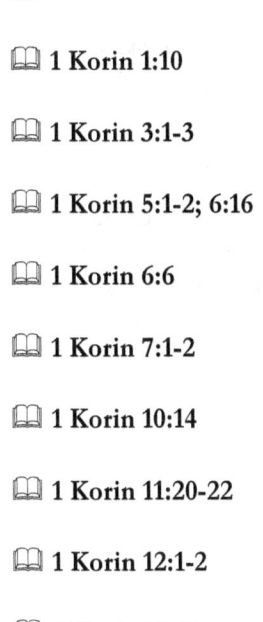

📖 **1 Korin 1:10**

📖 **1 Korin 3:1-3**

📖 **1 Korin 5:1-2; 6:16**

📖 **1 Korin 6:6**

📖 **1 Korin 7:1-2**

📖 **1 Korin 10:14**

📖 **1 Korin 11:20-22**

📖 **1 Korin 12:1-2**

📖 **1 Korin 15:12**

Taim yu tingim dispela sios i stap long Korin, hevi or problem bilong ol em i wankain long sios bilong yu o nogat? Wanem problem o hevi em i wankain?

3. The city of Corinth in Paul's time

Corinth was a busy city that was known for its orators and philosophers. The problems in the church such as idol worship, sexual immorality, disorderly worship services, christians taking each other to court and political divisions no doubt reflected the kind of society at Corinth.

Dio Crysostom (born 40AD) visited Corinth a few years after Paul and described it this way:

> "Crowds of wretched sophists around Poseidon's temple shouting and reviling one another and their disciples, as they were called, fighting with one another, many writers reading aloud their stupid works, many poets reciting their works while others applauded them, many jugglers showing their tricks, many fortune tellers interpreting fortunes, lawyers innumerable perverting judgement, and peddlers not a few peddling whatever they happened to have."
>
> (Quoted by Bailey: 2011 p.77)[i]

So when Paul came into this city to preach the gospel, he confronted a context where people were confused with many ideas. It was a culture that honoured those who could speak well - those who were regarded as wise philosophers and could make well crafted arguments based on what was seen as good wisdom. They were people who held up being wise in man's eyes as being a virtue. It was their wise arguments, arguments that made sense to their listener's inquisitive minds, that persuaded people to follow them.

3. Korin em i wanem kain siti taim Pol em i stap

Korin em i wanpela bisi siti tru, olsem em i stap long kona bilong sampela haiwei. I bin igat planti man husat i save autim strongepla toktok long market na skul. Ol dispela problem nau yumi lukim insait long sios i olsem piksa long komuniti bilong Korin. I luk olsem sios i bihainim ol pasin bilong ol manmeri long komuniti tasol.

Wanpela man, Dio Crysostom (mama i karim em long 40 yia bihain long Jesus) i bin go long Korin long dispela taim na em i stori long wanem samting em i bin lukim long Korin. Em i tok:

> "I gat planti ol saveman ol i stap klostu long tempel bilong Poseidon. Ol i save singaut na tokpait wantaim narapela narapela na ol manmeri na ol disaipel husat i bihainim ol. Tu igat planti ol man husat i bin raitim stori na singsing, na sampela lain ol i wok long paitim han long ol. I gat narapela lain ol i mekim kain kain trik, wantaim glasman, na ol saveman bilong lo husat i wok long giamanim ol, na planti ol man husat ol i salim kain kain samting."

(Kisim long Bailey : 2011 p.77)

Olsem na taim Pol i kam insait long siti long autim gutnius, em i luksave olsem planti ol manmeri ol i no klia tumas long wanem samting em i gutpela na wanem ino gutpela. Long tingting bilong ol, man husat i gat strongpela toktok em i olsem savemen true. Em mas kamap bikman tru. Save bilong man em mas kamap namba wan samting. Sapos tingting na tokaut bilong wanpela man em i strong tumas, dispela man bai i gat namba long ai bilong ol, na ol bai bihainim em.

4. Paul defends his preaching style

📖 **1 Corinthians 1:17; 2:1-5; 2 Cor. 2:17**

How does Paul describe the way he preached in Corinth?

Why do you think Paul says that he preached this way?

How do the preachers in your church preach? In what ways are they like Paul? In what ways are they not like Paul?

How important is a preacher's attitude to their ministry of preaching God's Word?

What have you learnt about this from this study so far? Ask yourself - How can I or my church apply this?

4. Pasin bilong Pol long autim tok

📖 **1 Korin 1:17; 2:1-5; 2 Korin 2:17**

Pol i tok wanem long pasin bilong em long autim gutnius?

✎

Olsem wanem Pol em i tok em i bihainim dispela pasin bilong autim tok?

✎

Long sios bilong yu, yu lukim wanem kain pasin em i stap bilong autim gutnius? Ol man bilong autim tok long sios bilong yu, ol i save bihainim dispela pasin bilong Pol? Sapos nogat, ol i bihainim wanem kain pasin taim ol i autim gutnius?

✎

Man husat i autim Tok bilong God em i mas i gat wanem kain tingting?

✎

Wanem samting yu bin lainim long dispela liklik stadi? Askim bilong yu yet - How bai mi aplaim dispela tingting long sios o laip bilong mi?

5. The Corruption of Cultural Pride

Different cultural groups have different things that make them feel proud to be part of that group. From what you have learnt so far about the Corinthian people, what were they proud of?

✍

Was that pride based on godly values or not? In other words, did their pride exalt God or man? Was their pride based on something pleasing to God or not?

✍

Think about your own cultural group. What is the main source of pride for your group?

✍

Is that pride based on godly values that lift up God or man? Is that pride based on something which is pleasing to God or not?

✍

📖 **1 Corinthians 1:26-31; Proverbs 16:18**

What do these verses tell us about pride, which are the things we boast about? What should we boast about?

✍

Sometimes cultural pride is rooted in good values but the focus has changed. For example, instead of valuing wisdom as a gift from God, the Corinthians held it up as a virtue of man.

Can you identify any positive and godly values at the root of your cultural pride? Can you refocus your cultural pride on these to glorify God?

✍

5. Pasin bilong tumbuna i save litimapim nem bilong ol

Olgeta tok ples lain manmeri i gat kainkain samting we ol i save litimapim nem bilong ol yet. Tingim ol lain long Korin. Ol i save litimapim nem bilong ol long wanem samting?

🕮

As bilong dispela samting em i stap long tingting bilong Bikpela o long man? Yu ting Bikpela i amamas long dispela samting or nogat?

🕮

Tingim tokples lain bilong yu. I gat wanpela bikpela samting i stap long litimapim nem bilong yupela o nogat? Em i wanem samting?

🕮

As bilong dispela samting em i stap long tingting bilong Bikpela o long man? Yu ting Bikpela i amamas long dispela samting or nogat?

🕮

📖 **1 Korin 1:26-31; Sindaun 16:18**

Ol dispela ves ol i tok wanem long dispela pasin bilong upim nem bilong yumi yet?

🕮

I luk olsem as bilong pasin bilong ol tok ples lain bilong litimapim nem bilong ol yet i stap insait long gutpela pasin, pasin Bikpela i laikim, tasol i go popaia. Olsem 'kism save' em presen bilong Bikpela na ol Korin mas litimapim nem bilong Bikpela husat i givim save long ol. Tasol ol i litimapim nem bilong ol yet.

Insait long ol kastom bilong yupela i gat sampela gutpela samting we yu ting Bikpela i amamas? Inap yu ken senisim bai i no inap upim man moa, tasol upim Bikpela tasol?

🕮

Study 2 - Wisdom and Foolishness

📖 Main text: Read 1 Corinthians 1:17-2:5

Paul recognised the foolishness in man made speeches and ideas when it came to the gospel, because the gospel is not about making the preacher look better or smarter.

📖 **I Cor 2:5.** What is the message of the Gospel for?

✎

But Paul also recognized that the message of the Gospel appeared foolish to the Corinthians because it was not based on his words of wisdom or his oratory skills.

So Paul says (1:18) "the message of the cross is foolishness to those who are perishing."

Commentator Matthew Henry says the message preached was that:

- We can live through one who has died
- We are blessed by one who was cursed
- We are justified by one who was condemned

No wonder it seemed foolish to them! It didn't make sense. Henry continues, "God did not choose philosophers, orators, statesmen, men of wealth and power and interest in the world to publish the Gospel of grace and peace." (Bible Gateway online commentary).

The message of salvation through Christ is not one of worldly wisdom, says Paul, it is not one that makes sense without faith, but it is of God's wisdom, because salvation is not through just understanding a wise message. There is something else we must do.

Stadi 2 – Save na Kranki Tinging

📖 **Ritim: 1 Korin 1:17-2:5**

Pol em i save olsem, taim ol man kamapim ol tingting bilong ol yet, na autim tok bilong mekim ol yet kamap bikpela long ai bilong ol, dispela pasin em i longlong long ai bilong Bikpela. As pasin bilong autim gutnius i no bilong mekim man husat i autim tok bai kamap bikpela, nogat.

📖 **1 Korin 2:5.** As tingting tru bilong gutnius em wanem samting?

✍

Tasol Pol em i save ol Korin ol i ting olsem, gutnius em i autim em i kranki toktok o toktok nating bikos Pol em i no wok long upim em yet long dispela tok bilong em o long smatpela tok em i autim. Olsem na Pol i tok (1^{18}) "Tru, ol man i laik lus, ol i save ting tok bilong diwai kros em i kranki tok tasol."

Matthew Henry, wanpela saveman long buk baibel, em i tok olsem, dispela tok Pol i autim i olsem:

- Yumi kisim laip long wanpela man husat i bin dai pinis
- Man husat i kisim bagarap long ol birua em inap long blesim yumi
- Yumi kisim laip na lusim sin long han bilong man husat i bin kot pinis.

Tru, i luk olsem dispela tok bilong Pol em i kranki toktok! Matthew Henry em i tok moa olsem: "Bikpela em i no kisim ol saveman, man husat i save mekim strongpela toktok, ol politisen, ol bikman, na ol man i gat moni na planti samting bilong dispela graun bilong autim dispela Gutnius long marimari na bel isi."

Stori bilong kisim laip insait long Krais em i no stori bilong graun na save bilong graun. Nogat. Pol tok olsem, em i stori bilong bilip. God em i no kisim bek yumi long stori nating tasol. Em i stori long save bilong Bikpela na yumi mas kisim stori na mekim wanpela samting.

The Cross: The Wisdom and Power of God

📖 **1 Corinthians 1:21** What do we have to do with the message to be saved?

✎

What does this mean? How do we do this?

✎

It is a *faith* message that cannot be understood by the <u>human mind</u>. It can only be accepted and believed by the <u>human heart</u> by those who God calls to open to Himself. When we believe this message of the Cross, of Christ crucified, then, as Paul says (1:24) "to those whom God has called, both Jews and Greeks, Christ (is) the power of God and the wisdom of God. The foolishness of God is wiser than man's wisdom, and the weakness of God is stronger than man's strength."

Paul compares two types of **wisdom**, and their opposites, foolishness. They are:

📖 **1 Cor 1:20** - ✎

1 Cor 1:21 - ✎

Paul states that the wisdom of God (message of the cross) is foolishness to the wise men of the world. But on the other hand, the wisdom of men is also foolishness to God.

How is the message of the Cross received in your community?

✎

Is it seen as a foolish message? Why is that?

✎

Is it seen to be different from the wisdom of the elders?

✎

📖 **1 Korin 1:21.** Bai yumi mekim wanem samting long dispela stori bilong Jisas olsem em i kisim bek yumi na givim nupela laip long yumi?

✏️

Em min olsem wanem? How bai yumi mekim dispela pasin bilong bilip kamap ples klia?

✏️

Dispela stori em bilong bilip, i no stori bilong man na tingting bilong man tasol. Manmeri husat Bikpela i singautim ol long bihainim em ol i mas <u>kisim long bel na lewa</u>. Taim yumi bilip pinis long dispela stori bilong diwai kros na bilong Jisas i dai long diwai kros, Pol tok olsem, "Taim yumi ol manmeri i bin harim singaut bilong God, yumi Juda na Grik wantaim, yumi save, Krais em i strong bilong God, na em i save bilong God. Ol man bilong graun i save ting olsem, sampela tingting bilong God i kranki tru. Tasol dispela tingting i winim tru save bilong ol man." (1 Korin 1:24-25)

Pol em i tingim tupela kain save, na tupela kain rabis toktok:

📖 **1 Korin 1:20 -** ✏️

1 Korin 1:21 - ✏️

Pol em i tok olsem, save bilong God (olsem stori bilong diwai kros) em i kranki toktok long ai bilong ol man bilong graun. Tasol save bilong ol man em i kamap kranki tingting long ai bilong Bikpela.

Taim ol manmeri long ples bilong yu ol i harim dispela stori bilong diwai kros, ol i tingting wanem?

✏️

Ol i ting em i kranki toktok tasol? Bilong wanem ol i gat dispela kain tingting?

✏️

Ol i ting olsem stori bilong diwai kros em i wankain long ol stori na save bilong ol tumbuna na lapun, o em i narakain stori?

✏️

Study 3 – Good Friday - Crucifixion

Good Friday is the day when we remember that Jesus was crucified on the Cross at Calvary. It is a story of total weakness and it makes no sense to our worldly mind.

Jesus was betrayed, tried in a court that was corrupt, subject to a miscarriage of justice, wrongly accused of crimes, held prisoner by guards, humiliated, deserted by his friends, stripped naked, lashed with the whip, had a crown of thorns forced onto his head, led through the streets as people spat on him and sneered and jeered at him, forced to carry his cross until he could not do so physically any more, and finally nailed to a cross to suffer death as a common criminal beside other criminals.

📖 **1 Cor 2:1-2**. What does Paul say his message was all about?

✎

There is nothing to boast about in this message. Paul says this message is not about someone's wise ideas that they can boast about. Paul's message is a factual <u>historical</u> one – he cannot boast in any way because his message is purely about telling the story of what happened to Jesus. You see, wise people and wise words cannot communicate the message of the cross because it is the wisdom of God, not man.

The power of God comes not from understanding the message of the cross as a wise story, but in believing it as God's wisdom in bringing salvation to the world.

📖 **1 Cor 1:30**. What three words does Paul use to describe what Jesus has become for us in God's wisdom?

✎

Stadi 3 – Jisas Dai long Diwai Kros

Long Gutpela Fraide yumi save tingim de Jisas em i bin i dai long diwai kros long Kalveri. Long tingting bilong yumi ol manmeri bilong graun, dispela stori em i no stori bilong man i gat strong, nogat.

Ol birua ol i kotim Jisas long kot nogut na abrusim gutpela pasin. Ol i sutim tok giaman long em, stretpela pasin bilong kot i go popaia, ol i kalabusim em na ol wasman daunim em. Ol wantok na pren bilong em ol i ranwe, na ol wasman rausim klos bilong em na paitim em wantaim rop i gat nil. Ol i wokim wanpela hat bilong king wantaim rop i gat nil na daunim strong long het bilong Jisas, na mekim em i wokabaut long rot i go long Kalveri we ol pipol i spet long em na lap nogut long em. Em i mas karim diwai kros bilong em inap long em i nogat strong moa. Bihain ol i nilim em long dispela diwai kros olsem man nogut wantaim tupela man nogut.

📖 **1 Korin 2:1-2.** Long tingting bilong Pol, wanem toktok em i nambawan?

✎

Insait long dispela toktok i no gat wanpela samting we yumi ken bikhet long en. Pol tok olsem, dispela toktok em i stori trutru bilong Jisas tasol, i no inap long wanpela man bai mauswara na bikhet long tingting bilong em. Nogat. Saveman na save bilong man i no inap givim strong long dispela stori bilong diwai kros bikos dispela stori em i save na strong bilong Bikpela tasol, em i no save na strong bilong man.

Long kisim strong bilong dispela stori bilong diwai kros, yumi mas bilip olsem em i no stori nating bilong graun, nogat, em i stori long save bilong Bikpela na rot em i wokim bilong kisim bek yumi.

📖 **1 Korin 1:30.** Wanem tripela kain toktok Pol em i yusim long autim samting Jisas i kamapim long helpim yumi?

✎

Let's look more at those three words Paul uses: <u>righteousness</u>, <u>holiness</u> and <u>redemption</u>. These three words all have their roots in dealing with SIN. That is what mankind's problem is, SIN. But the wisdom of the world does not acknowledge sin, which at its heart is *<u>a breakdown in the relationship between man and God.</u>*

When we talk about someone sinning, what we mean is that they are doing things that demonstrate that <u>they are not trying to please their heavenly Father.</u>

📖 **Luke 15:21**

What did the prodical son say when he returned to his Father?

✎

His actions in sinning were the outward results in his life of rebellion against his Father. It is the same with us. We do sinful things because we are in rebellion against God our Father. If we were in perfect relationship and harmony with God, then we would only want to do the things that pleased Him. If we were doing that all the time, then we would be HOLY.

1. Holiness

Holiness has two main aspects to its definition.

- ❖ One is to be set apart for God.
- ❖ The other is to be morally pure.

That means no sin. Because God is holy, He cannot entertain sin in His presence. He cannot entertain any rebellion. He is the King of Kings, the Lord of Lords, the Creator of Heaven and Earth, He is the great I AM, the Alpha and Omega, the Beginning and the End. He only wants loyal and faithful followers, servants who have no other desire but to worship and serve Him. So to be able to be in relationship with God we need to get rid of the sin in our lives. This does not mean we just stop doing the bad things we have been doing. They are just the actions that are the result of an impure heart towards God.

Yumi tingting moa long dispela tripela toktok bilong Pol. 1) God i mekim yumi kamap stretpela manmeri; 2) mekim yumi i wokabaut long pasin bilong em yet; 3) na baim bek yumi, bai sin i no inap bosim yumi moa. As bilong dispela tripela samting i stap long SIN. Sin yet em i hevi bilong olgeta manmeri long dispela graun. <u>As tru bilong sin em i birua i stap yet bilong manmeri wantaim Bikpela.</u>

Taim yumi toktok long wanpela man o meri em i mekim sin, em i min olsem ol i no tingting tumas long amamasim Papa long heven, na pasin ol i mekim tu <u>i no amamasim Papa long heven.</u>

📖 **Luk 15:21.** Pikinini i bin lus em i tok wanem long Papa taim em i kam bek long ples?

✎

Pasin nogut em i mekim i olsem mak bilong dispela birua bilong em wantaim Papa. Yumi wankain. Yumi save mekim pasin nogut bikos yumi birua wantaim Papa long heven. Sapos yumi wanbel wantaim Papa God, olgeta pasin yumi mekim bai em i amamasim Papa tasol. Tru? Sapos yumi mekim dispela gutpela gutpela pasin long olgeta de, bai yumi stap holi.

1. Pasin Holi

Pasin bilong holi i gat tupela hap:

- ❖ Bikpela makim yumi long sanap wantaim em na mekim wok bilong em.
- ❖ Yumi mas i stap klin long olgeta pasin bilong yumi.

Sapos yumi stap holi, yumi nogat sin. Bikpela em i holi na em i no inap larim sin i kam klostu long em, na long haus bilong em, na em i no inap larim birua i kam klostu long em. Bikpela em yet em i King bilong olgeta King, Bikpela i winin olgeta arapela, em yet wokim graun na skai, em bilong stat na pinis. Em i laikim ol husat i amamas long lotuim em na kamap wokboi nating bilong em, manmeri husat i tingting long bihainim em tasol. Sapos yumi laik bung wantaim Bikpela, orait yumi mas rausim sin. As tru bilong sin em i birua wantaim God i stap long bel bilong yumi. Pasin nogut yumi mekim em i olsem mak long bodi bilong yumi, long tokaut olsem bel bilong yumi i bagarap.

To become holy we must change <u>the attitude of our heart</u> towards God, and then allow God to change our actions. Of course, it is impossible for us to do this because our sinful nature is too strong.

📖 **Romans 5:12.** How did sin come into the world and what was the result?

✎

All people are sinners, so only God can do something to take away our sin and make us holy. Once we have opened ourselves to <u>believe</u> the message of the cross and <u>received</u> Christ, then God works in our lives through the Holy Spirit to bring about the changes in our actions and thinking to make our earthly journey become more holy. So we tend to think of holiness as being related to the work that God is doing in our lives to make us more like Christ, who was himself holy.

God in His wisdom has done that, through Christ's death on the cross.

2. Righteousness

The main meaning of righteousness is to be in a state of moral perfection before God. This is a requirement to re-establish our relationship with God, to be "right with God". The Jews believed that they could be righteous and acceptable to God by following the laws which God gave them in the Old Testament. But no one can follow the law 100% and therefore no one can be considered as righteous under the law.

📖 **Romans 3:20ff:** In your own words, what does the law teach us about sin according to this verse?

✎

Paul argues that rather than helping us become righteous, the law (rules and regulations) only make us more aware of our sin, and of our inability to meet God's standards.

Long kamap holi <u>yumi mas senisim bel bilong yumi</u>, bai yumi kamap wanbel wantaim Bikpela. Bihain yumi larim Bikpela bai i senisim pasin bilong yumi. Tasol hat tumas long yumi mekim dispela bikos strong bilong sin long bel bilong yumi i winim yumi.

📖 **Rom 5:12** em i tok wanem long sin?

✍

Em i tok olsem wanpela man i bin mekim sin na bagarapim yumi olgeta. Dispela man em i husat?

Tru tumas, yumi olgeta yumi sin man na meri. God tasol inap long rausim dispela sin na mekim yumi kamap holi. Yumi save bilip long dispela stori bilong diwai kros na yumi save kisim Jisas. Bihain Bikpela save mekim wok bilong em long salim Holy Spirit bilong em long kamapim ol kainkain gutpela tingting na pasin long wokabaut bilong yumi long dispela graun. Holi em i dispela wok Bikpela i save mekim insait long laip bilong yumi long mekim yumi kamap olsem piksa bilong Jisas. Jisas em i holi.

Dispela samting i kamap olsem save bilong Bikpela, na dai bilong Jisas long diwai kros em i rot bilong mekim i kamap.

2. Wokabaut long pasin bilong God

As bilong dispela toktok em olsem, yumi sindaun long ples we yumi nogat wanpela asua o rong long ai bilong Bikpela. Bilong kamap stretpela man o meri, yumi mas sindaun long dispela ples. Ol Juda lain ol i ting olsem inap long ol i ken bihainim ol lo bilong ol long Olpela Testamen, tasol i nogat wanpela man o meri inap long bihainim trutru olgeta lo. Olsem i nogat wanpela man o meri husat i stretpela trutru long ai bilong Bikpela.

📖 **Rom 3:20ff:** Lo em i skulim yumi long wanem samting?

✍

Pol em i tok olsem, wok bilong lo em bilong skulim yumi long save moa yet long sin bilong yumi.

Have you ever done something wrong, whether it be against your parents, a teacher, road rules or others rules? How did you feel? Its true, isn't it, that when we break rules, we become all the more aware of our inability to be able to keep those rules. Just because you know the rule, doesn't mean you can keep it. In fact the more rules there are, the harder it is to keep them!

📖 **Galations 2:15-16**: Paul uses the term 'justified', which is similar to saying being made righteous. What does he say about being justified by the law?

✎

How does he say we can be justified?

This again is the wisdom of God. The wisdom of the world, expressed in rules and regulations to follow, which is the law, cannot make people righteous because no one (except Jesus) can follow them 100%. Therefore a new way to gain righteousness must be found, and God provides it.

📖 **Romans 3:21ff**: How can we be righteous according to this verse?

✎

3. Redemption

This word has several meanings, all related. At its heart is the sense of being rescued, and the idea of buying back or regaining a possession by making a payment. In old days it was used of buying back a slave.

📖 **Romans 3:23-25**: How does Paul say that we are justified?

✎

Taim yu bin brukim wanpela lo bilong ples, yu amamas o nogat? Em i tru, taim yumi brukim lo bai yumi pilim hevi o sem long dispela rong yumi mekim. Ol lo i no inap helpim yumi bikos lo save kotim yumi tasol!

📖 **Galesia 2:15-16**: Pol em i tok olsem wanem bai yumi kamap stretpela manmeri? Lo inap stretim yumi o nogat?

✎

Olsem wanem bai yumi kamap stretpela manmeri?

Dispela tu em i save bilong Bikpela. Save bilong graun, olsem ol lo yumi mas bihainim, em i no inap mekim yumi kamap strepela manmeri. I no gat wanpela man o meri husat inap bihainim olgeta lo olgeta. Bikpela em i kamapim nupela rot insait long Jisas Krais long larim yumi manmeri long kisim marimari bilong em na kamap stretpela long ai bilong em.

📖 **Rom 3:21-26**: Olsem wanem bai yumi kamap strepela manmeri?

✎

3. Baim Bek

As bilong dispela toktok em bilong baim bek o halpim husat i lus. Long taim bilong Olpela Testamen, ol Juda lain inap baim bek wanpela wokboi.

📖 **Rom 3:23-25**: Ritim gen dispela ves. Bikpela baim bek yumi olsem wanem?

✎

Because we are not righteous, because we do not meet God's standard of holiness, these are markers that our relationship with God our Father is broken. But God longs for us to be reunited with Him. Like the prodical Father who longed for his son to return home, God longs for us to be reunited with Him. God wants to abolish sin and free sinners by drawing us back into a relationship with Him so we can walk with God our heavenly Father in conformity with His divine will for us.

By sinning we are missing out on what God's created plan for us is. So God rescues us, and that happens through the Crucifixion of Christ on the Cross.

📖 **1 Cor 15:56** How does this verse describe sin and the power of sin? What does this mean?

✎

By death Paul means the death that keeps us from God. The "sting of death is sin" is like when a bee stings you. The bee is harmless until it stings you, and then you feel the pain. So you are afraid of the bee. But if the bee's sting is taken away, then you have no fear of it. Are you afraid of a fly? Why not?

Sin gets its power from the law because the law continually reminds us of our failures and inability to keep it. And so when we sin, it keeps reminding us like a sting that we are going to die. Every time you commit a sin or do something that you know is not right, your conscience kicks you and tells you that you are guilty, you feel shame. That's the sting of death.

📖 **Romans 5:12-21:** Who are the two people and what did they do?

✎

Ol mak bilong skelim sindaun bilong yumi wantaim Papa God i klia. Tasol stretpela pasin, pasin holi long ai bilong God i no i stap tumas long laip bilong yumi. Sin i save bagarapim dispela sindaun. Tasol Bikpela laikim tumas long painim gutpela sindaun wantaim yumi. Laik bilong Papa God bilong painim gutpela sindaun wantaim yumi i wankain long laik bilong Papa long pikinini i lus long Luk 15. Em i laik rausim sin bilong yumi inap bai yumi kisim gutpela wokabaut wantaim em olsem pikinini tru, na kisim save long laik bilong em long laip bilong yumi.

Sapos yumi stap insait long sin, i no inap yumi kisim gutpela sindaun wantaim Bikpela na kisim save long laik bilong em long laip bilong yumi. Tasol long diwai kros bilong Jisas Krais, Bikpela i kisim bek yumi.

📖 **1 Korin 15:56:** Dispela ves i save tokaut long spia bilong sin na strong bilong sin. Tasol em i min wanem?

✍

Taim Pol i toktok long indai em i tok olsem indai inap long pasim yumi long lukim Bikpela. Taim mi ritim "spia bilong dai" mi tingting long hunibi o binatang i save kaikai man wantaim liklik spia bilong en. Taim em i kaikaim yu bai pen nogut i stap. Tru? Sapos em i no kaikaim yu tasol em i flai na raunraun nating tasol klostu long yu, yu pret nogut tru, ah? Aiting! Tasol sapos yu rausim dispela spia bilong hunibi, bai yu rausim pret bilong em tu. Yu save pret long binatang husat i no gat spia? Bilong wanem?

Strong bilong sin em i kam long lo bikos lo em i olsem binatang i gat spia na em i raunraunim yu. Taim yu brukim lo, yu pilim pen bilong spia, na yu tingting long dai bilong yu. Toktok i stap insait long yu i save kotim yu na yu kisim sem. Em yet em i spia bilong dai.

📖 **Rom 5:12-21:** Dispela stori em bilong tupela man. Tupela em husat na ol i wokim wanem?

✍

The Cross: The Wisdom and Power of God

Paul gives us a brilliant description of what happened at the cross, summarized in vs 19. If rebellion or disobedience is at the heart of sin, then its opposite must be obedience. That's how we know Jesus was sinless, because he was totally obedient to his Father.

📖 **1 Peter 2:24.** What did Jesus do and why did he do this?

On the Cross of Christ, God paid the price to redeem us, to buy us back to himself. This was God's great rescue mission. God's great desire is for us to return to Him and live our lives in fulfillment of his will for us, living in peace and harmony and obedience with our Creator God, living so that we are assured of our righteousness because we know that God no longer judges us for our sin. It no longer has any sting, and we are not afraid of death. This is the life of faith in Jesus Christ.

It makes no sense to earthly minds, to worldly wisdom. But it is God's wisdom, God's plan, and in it His power is demonstrated. God's power is demonstrated most powerfully when we realize that at the heart of Jesus' crucifixion and resurrection is God's plan to destroy the rule and reign and works and influence of the devil, who is the father of sin, and the one who holds the power of death.

📖 **1 John 3:8**: Who is the father of sin?

What is his relationship with God?

Why did Jesus come?

Diwai Kros: Save na Strong bilong Bikpela

Long ves 19 Pol em i autim gutpela toktok long ol samting i bin kamap long diwai kros. As bilong sin em i pasin bilong givim baksait long God. Long narapela sait, as bilong pasin Bikpela i laikim em bilong givim bel long God. Yumi save Jisas i no gat sin bikos em i givim bel 100% long Papa God.

📖 **1 Pita 2:24** Jisas mekim wanem samting? Bilong wanem?

✎

Long diwai kros Bikpela i baim bek yumi. Em i plen bilong em long kisim bek yumi. Em i laikim bai yumi tainim bel na bihainim em inap long yumi kisim gutpela laip insait long laik bilong em. Em i laikim yumi kisim gutpela sindaun wantaim em na kisim pasin bilong amamas, marimari, wanbel wantaim na bihainim em. Sin i no gat spia nau. Yumi stap stretpela long ai bilong God insait long Krias, em i no kotim yumi moa long sin, na yumi nogat pret moa long indai. Laip bilong yumi nau i stap insait long bilip long Jisas.

Long tingting bilong manmeri bilong graun dispela tingting em i kranki tru. Tasol em plen bilong Bikpela, olsem save bilong em, na insait long dispela bai yumi lukim strong bilong God. Strong bilong Bikpela i moa yet long dai na kirap bek bilong Jisas, husat inap bagarapim man husat i gat strong bilong indai, seten, em papa bilong sin wantaim pasin bilong givim baksait long God.

📖 **1 Jon 3:8**: Papa bilong sin em husat?

✎

Em i gat gutpela sindaun wantaim Papa God o nogat?

Bilong wanem Jisas em i kam long dispela graun?

Study 4 - Easter Saturday - Sabbath

1. The Tomb

📖 **1 Corinthians 15:54-57; Hebrews 2:14-15.**

We have already seen how the message of the cross shows the wisdom and power of God, that it comes in weakness and looks foolish, but this apparent weakness, the weakness of Christ crucified, actually demonstrates the power of God.

We talked about three key words, righteousness, holiness and redemption. They remind us that we are sinful, unholy and not right in God's sight, but that God's wisdom is demonstrated in these as God rescued us by redeeming us, buying us back from sin. The price was the death of His Son on the cross.

We said that the message of the cross is not one that we must understand with our mind, in fact we may not understand it, but it is one we must accept with our heart if we are going to receive the salvation of God and renew our relationship with him as our heavenly Father.

📖 **Matthew 27:57-61**. What did the disciples do with the body of Jesus the same day He was crucified?

✎

Why do you think Joseph from Arimathea, who owned the tomb, placed the large stone across the entrance to the tomb?

✎

Stadi 4 - Sabat De

1. Ples Matmat

📖 **1 Korin 15:54-57; Hibru 2:14-15.**

Yumi luksave pinis long dispela tok bilong diwai kros olsem em i makim save na strong bilong Bikpela. I luk olsem em i nogat strong na toktok em i kranki tasol. Tasol dispela samting i nogat strong, em bai i kamapim strong bilong Bikpela.

Yumi tingting pinis long tripela toktok – pasin holi, wokabaut long pasin bilong Bikpela, na baim bek yumi. Olsem yumi manmeri husat i kalap long sin, yumi no save bihainim pasin holi na yumi no stap stretpela long ai bilong Bikpela. Tasol save bilong Bikpela i kamap bikpela bikos em i baim bek yumi na rausim yumi long sin. Pe bilong dispela samting em i dai bilong Jisas long diwai kros.

Yumi tok olsem dispela stori bilong diwai kros em i no samting bilong tingting na save tasol, nogat, em i samting bilong bel – yumi mas kisim long bel sapos yumi inap kisim marimari bilong Bikpela na wokabaut wantaim em olsem Papa long heven.

📖 **Matyu 27:57-61.** Ol disaipel bilong Jisas ol i mekim wanem long bodi bilong Jisas long de em i dai long diwai kros?

✎

Olsem wanem Josep bilong Arimatia i bin pasim dua bilong matmat wantaim draipela ston?

✎

Saturday was the Sabbath day for the Jews, and they were forbidden from doing any work. The disciples were forbidden by their religious laws from going back to the tomb that day.

📖 **Luke 23:55-56.** What did the women who followed Jesus do on the Friday evening?

What did they do on the Saturday?

📖 **Matthew 27:62-66.** What did the Jewish religious leaders do on the Saturday?

Why do you think they did this?

Do you think this action by the religious leaders constituted "work" for them? How strictly do you think they were prepared to define work on the Sabbath day under these circumstances?

Should different rules apply to leaders of the church than church members? Do you see this happening in your church?

Sarere em i de Sabat (de bilong lotu) bilong ol Juda lain no ol i tambu long mekim kain kain wok. Olsem lo bilong ol i tambuim ol disaipel bilong Jisas tu long go long ples matmat long dispela de.

📖 **Luk 23:55-56.** Ol meri husat i bihainim Jisas ol i wokim wanem samting long nait bilong de Jisas em i bin dai long diwai kros?

✎

Long de Sabat ol i wokim wanem samting?

✎

📖 **Matyu 27:62-66.** Ol lida bilong ol Juda ol i wokim wanem samting long de Sabat?

✎

Olsem wanem ol i mekim olsem?

✎

Yu ting ol i bin mekim sampela "wok" taim ol i mekim olsem? Tasol lo bilong ol i tambuim ol long mekim wok long de Sabat. Yu ting wanem? Ol i bin senisim o lusim tingting long lo bilong Sabat long mekim orait dispela wok ol i mekim o nogat?

✎

Insait long ol lotu bilong yumi inap ol lida bai senisim ol lo inap long ol i ken kamapim kain pasin ol i laikim o nogat? Yu lukim dispela pasin i stap insait long lotu bilong yu o nogat?

✎

The Cross: The Wisdom and Power of God

The disciples must have been heartbroken as they woke up this day knowing this Jesus person they had followed and adored was now dead. They would recall some of the things Jesus said and probably begin to doubt most of them. It seemed like the worst tragedy had happened. They had been misguided, led astray by this Jesus.

While yesterday the disciples would have been horrified at what they saw, on this day the true humanity of Jesus must have been so evident. He was not God, he was a man, just like them, and had suffered the same fate as every other man. Death.

But what of Jesus? With the tomb closed over, his disciples could only presume that he was now lying there starting to decay.

There are several Scriptures which perhaps give us a little bit of information of events between placing Jesus in the tomb on Friday evening and the women coming to the tomb on Sunday morning.

📖 **1 Peter 3:19, 4:6.** Where do these verses suggest that Jesus went after being made alive by the Spirit of God?

✎

📖 **Ephesians 4:8-9**. Does this verse support the idea that Jesus went somewhere else before His ascension?

✎

The Apostle's Creed in its earlier forms stated:

"I believe in Jesus Christ… who… was crucified, dead, buried; he descended into hell; the third day he rose again from the dead, he ascended into heaven…." though the phrase "he descended into hell" has been removed from the modern versions used by some churches.

Diwai Kros: Save na Strong bilong Bikpela

Long dispela de Sabat aiting ol disaipel bilong Jisas ol i bel hevi tru. Ol i bin bihainim Jisas tasol nau em i dai pinis. Aiting ol i mas stori yet long Jisas tasol nau ol i gat tupela tingting. Bikpela hevi i kamap long ol nau. I luk olsem Jisas i bin giamanim ol long bihainim em.

Long asde (de bilong indai bilong Jisas) ol disaipel ol i mas kalap nogut tru taim ol i lukim indai bilong Jisas long diwai kros. Tasol tude, long de Sabat, ol i mas longlong tru bikos i luk olsem Jisas em man nating tasol. I luk olsem em i no Bikpela, em man tasol olsem ol yet, na dai em i kisim em wankaim long olgeta manmeri.

Tasol wanem samting i kamap long bodi bilong Jisas? Ol i pasim matmat pinis wantaim ston. Bodi bilong Jisas nau em i stat long sting.

Wanem samting i bin kamap long dispela de Sabat? I gat sampela toktok bilong Baibel long tokaut long wanem samting i bin kamap long dispela taim, bihain long ol i putim bodi bilong Jisas long matmat tasol bipo long ol meri kam long ples matmat long de Sunde.

📖 **1 Pita 3:19, 4:6.** Taim yu ritim ol dispela ves, i luk olsem Jisas i bin kisim laip long han bilong Holi Spirit na i go long wanem hap?

✎

📖 **Efesus 4:8-9.** Yu ting dispela ves tu em i bihainim dispela wankaim tingting?

✎

Ol aposel i gat dispela Tok Bilip ol i kamapim:

"Mi bilip long God Papa i strong olgeta.... Mi bilip long Jisas Krais .... Long taim bilong Ponsius Pailat em i karim pen. Ol i nilim em long diwai kros. Em i dai na ol i planim em. Em i go long ples bilong ol i dai pinis. Long de namba tri em i kirap gen. Em i go bek long heven...." Tasol sampela sios ol i rausim dispela tok, "Em i go long ples bilong ol i dai pinis."

The verses in 1 Peter 3 & 4, which probably refer to each other, are not clear but give an indication that Jesus may have been brought to life and was active in some form of ministry to the spirits of some who were dead, such as those who perished in the flood rather than accept Noah's word. The church leaders who composed the Creed after Jesus death must have felt some grounds to say that Jesus 'descended into hell' but a number of churches now refute this, and have deleted it from their creed. The reference in Ephesians to 'lower earthly regions' may only refer to the grave, so it is also not clear.

So the best conclusion is that we are not sure what Jesus was doing on the Sabbath Saturday and it is difficult to build a story from just a couple of verses out of context.

What we do know is that when the women came to the tomb early the next day, Sunday, Jesus had already been resurrected.

2. The Humanity of Jesus.

 Hebrews 2:14-18. What do these verse tell us about the humanity of Jesus? In what ways was Jesus "made like his brothers"? Did He also suffer? Was He also tempted? What examples can you give?

 John 1:14. How does John describe Jesus' humanity?

 Hebrews 2:18. How does this verse help us understand why Jesus is qualified and able to help us when we face temptation?

Taim yumi ritim dispela tupela ves long 1 Pita 3 na 4, i no klia tumas tasol i luk olsem Jisas i bin kirap na em i go autim tok long tewel bilong ol lain husat i dai pinis long bikpela tait long taim bilong Noa.

Taim ol tumbuna lida bilong sios ol i wokim dispela Tok Bilip ol i wanbel long tingting bilong ol, tasol nau sampela ol sios ol i rausim dispela tok, "Em i go long ples bilong ol i dai pinis."

Long Efeses 4:9 dispela tok, "pastaim em i go daun insait long hap bilong graun i stap daunbilo tru" em i no klia tumas – Jisas em i go daun long ples long tewel bilong ol man i dai pinis o em i go daun insait long hul bilong matmat tasol? Olsem yumi no save gut long wanem samting Jisas i bin mekim long dispela de Sabat. Tasol i luk olsem em i bin kirap gen na mekim sampela wok ministri wantaim ol dai pinis lain, tasol yumi no save klia tumas.

Tasol yumi ken save, taim ol meri ol i kamap long matmat long de Sunde, Jisas em i no stap insait long matmat, em i kisim laip pinis.

2. Jisas em i Man Trutru.

📖 **Hibru 2:14-18.** Ol dispela ves i tokaut wanem long Jisas – em i man tru o nogat? Jisas em i wankain long ol manmeri olsem wanem? Em i kisim kainkain hevi wankain long ol o nogat? Wanem kain hevi?

✎

📖 **Jon 1:14.** Jon em i tok wanem long Jisas - em i stap man trutru?

✎

📖 **Hibru 2:18.** Olsem wanem Jisas inap long helpim yumi taim yumi kisim hevi o pen o traim?

✎

This confirms not only that Jesus was fully human, a point contested by some of the early counter-Christian movements, but the validity of his death. If Jesus had not been fully human he could not have died. Death only comes to earthly beings, humans and animals. But this does not deny his divinity – in nature he was also God.

📖 **1 John 3:8.** How does John reinforce both the divinity of Jesus and his purpose in coming to earth in this verse?

✍

📖 **Hebrews 2:14-15.** The writer says that there are two reasons why Jesus died? They are:

✍

So what exactly is this work of the devil, what is it that gives the devil such power?

3. The Spectre of Slavery

In the 1700's it was committed Christian men and women who formed a movement to outlaw slavery, a movement that saw its fruition in February 1807 when the British parliament passed laws to abolish slave trading.

Slavery was widespread in the 1700's as the need for labour in cotton and sugar plantations in North America outgrew the local population's ability to supply labour. Slaves were captured by force in African villages and shipped to North America in ships, in abhorrent conditions shackled together in chains. The slave population in America peaked at about 4 million slaves, and these are the forebears of today's large African American population.

Sampela ol birua lain bilong sios ol i bin kamapim kainkain toktok olsem Jisas i no man trutru. Tasol sapos Jisas em i no man trutru, em ino inap dai olsem man tru. Sapos yu no man o abus trutru, bai yu no inap dai. Olsem Jisas em i man trutru, tasol em tu em i God tru.

📖 **1 Jon 3:8.** Jon em i tok wanem long dispela ves bilong strongim save bilong yumi long save olsem Jisas em i man tru na God tru wantaim?

✎

📖 **Hibru 2:14-15.** Wanem tupela as bilong dai bilong Jisas?

✎

Dispela wok bilong seten em i wanem? Wanem samting givim strong long em?

3. Kalabus olsem wokboi nating

Long yia 1700-1800 i gat sampela kristen manmeri husat i les tru long dispela pasin bilong kalabusim ol manmeri Afrika long mekim wok bilong ol. Ol yet i prea na autim tok long gavman i go inap long Feburi 1807. Long dispela taim, gavman bilong England i kamapim sampela lo bilong tambuim dispela pasin bilong baim na salim ol kalabus manmeri olsem wokboi nating, olsem slev.

Ol waitman masta i gat planti suga na koten plantesen bilong ol long North America tasol nogat planti lebas, olsem na ol i kisim ol kalabus lain long kamap lebas bilong ol. Ol i kalabusim ol long ples bilong ol long Afrika na salim ol long sip i go long America olsem slev. Dispela lain em i tumbuna lain bilong ol Africa-America lain tude, na samting olsem 4,000,000 kalabus lain ol i bin kam pinis long America.

In Australia from the 1860's, over 60,000 people were brought in from the Pacific Islands to work in sugar plantations in Queensland. While there were meant to be proper arrangements for these labourers, many were in fact brought in under slave conditions, and the term "blackbirding" was used to describe it. In time, many were repatriated back to their Pacific Islands. The Australian government outlawed slavery in 1904.

Even though it is outlawed, slavery exists in the world today. Many children are kept in slave like conditions and used for labour and to pay off family loans or debts. Slavery of women for the sex trade and forced prostitution is found in most countries of the world even though it is illicit and illegal. Some men, including in PNG, keep their wives as virtual slaves and treat them no better than just disposable possessions. The high rates of domestic violence illustrate this.

A slave has no rights. He or she must obey their master's every command. They have no choice, or they will be beaten or even killed. The mindset behind slavery is one that says that one human being is better than another, that one human being is entitled to deny another human being their rights to freedom and life. Slavery by definition says that if you are the master then you have absolute control over the person who is your slave.

It was the early founders of the slave abolition movement in America and England, such as Anthony Benezet, James Ramsey, John Wesley, John Newton (the former slave trader who was converted to Christ, became a minister of the gospel and wrote the song, Amazing Grace) and polititian William Wilberforce, who began to question this mindset. They came to very different conclusions by reading their Bible and understanding that God had a different view of people - that God had created all people, men and women, black and white, equally and to be free. It was their spiritual understanding of humanity from a Christian perspective that moved them so strongly to seek for a movement lasting nearly a century to bring about the political reforms that would abolish the evil of slavery. Many Christians today feel that refugees are being treated in a similar way to slaves and want to see reform in political circles that gives greater respect to the rights of refugees, which are already enshrined in international law.

Diwai Kros: Save na Strong bilong Bikpela

Long Australia tu samting olsem 60,000 ol kalabus wokman ol i kam pinis long ol Pacific Islands bilong mekim wok long ol suga plantesen. Ol i bin kolim dispela pasin "blackbirding" na sampela ol masta i no mekim gutpela pasin long ol. Bihain sampela ol i go bek long ples. Gavman bilong Australia i tambuim dispela pasin long 1904.

Tasol dispela pasin bilong kalabusim manmeri olsem slev o wokboi nating em i stap yet. Long sampela hap, ol pikinini mas mekim wok bilong baim bek dinau bilong papamama. Planti ol yangpela meri ol i bin kalabus bilong kamap pamukmeri. Gavman na lo i tok olsem em i tambu tasol dispela hevi i stap yet long planti hap. Insait long PNG tu i gat sampela man husat ol i ting olsem meri bilong ol i wokmeri nating tasol, na ol i ken paitim em na bagarapim em long laik bilong ol.

Sapos yu stap olsem slev, yu no inap mekim wanpela samting. Yu nogat powa long wokim wanpela samting. Yu mas harim na bihainim laik bilong masta bilong yu tasol. Sapos yu no bihainim gut, masta bilong yu bai paitim yu na kilim yu. Tingting bilong ol masta em i olsem, wanpela man inap long daunim narapela. Wanpela husat i gat powa inap long daunim narapela husat i nogat powa. Wanpela inap long winim narapela na givim hevi na bagarapim narapela. Masta inap long bosim olgeta samting long laip bilong narapela long laik bilong em tasol.

Tasol long yia 1700 i go long yia 1800 sampela kristen lain long America na England ol i stat long kisim narapela tingting taim ol i ritim Baibel bilong ol. Nem bilong sampela - Anthony Benezet, James Ramsey, John Wesley, John Newton (bipo em i kapten bilong wanpela sip bilong kisim ol slev long Africa, na bihain em i tanim bel na kamapim dispela sing, Amazing Grace) na politisen William Wilberforce. Taim ol i ritim Baibel ol i luksave olsem Bikpela i bin mekim kamap olgeta manmeri long dispela graun, na olgeta i wankain long ai bilong Bikpela. Olgeta i mas i stap fri. Wanpela i no inap daunim narapela man o meri.

Ol dispela lain wok strong inap long 100 yia long senisim tingting na lo bilong gavman long tambuim dispela pasin bilong kamapim slev. Nau i gat lo i stap bilong tambuim dispela pasin bilong kalabusim narapela long kamap wok manmeri nating. Tasol yumi tingim ol refugi lain. Tude i gat planti manmeri na pikinini husat i lusim ples bikos i gat bikpela hevi na pait i stap long ples, na ol i wok long painim nupela ples. Tasol sampela ol i stap long ples kalabus, olsem Manus Island.

Slaves in ancient times and in the slave trade in North America and other places were bought and sold in slave market places. They were regarded as a commodity, a possession which could be bought and sold, and used and abused however their owner wished. The slave was bound to their owner, and subject to whatever the owner wanted to do.

📖 **2 Peter 2:19b.** What makes someone become a slave?

📖 **Hebrews 2:14-15.** What is it that is holding people in slavery? Who is the person doing this?

✎

Where does this person get their power to do this?

✎

Being held in slavery to the fear of death must mean that those people will do anything they have to to please this fear of death. They will do anything to avoid death because they have a fear of it. So the one with the power of death tells them all sorts of things they must do and keeps them in fear. This is how many people in the world are today, including in PNG. Satan, the devil, has kept people in fear of death.

What are the kinds of things that people who live in fear of death do?

✎

Consider many of the practices that traditional cultures in PNG have accepted as necessary, many of them secretive and specific to their tribal group.

Diwai Kros: Save na Strong bilong Bikpela

Long dispela taim bilong kisim slev, ol i save baim na salim ol slev long maket na husat laik baim inap baim long moni. I luk olsem ol slev em i wankain long sospen o kaukau o kakaruk samting. Baim, salim, wanem long laik bilong masta bilong em tasol. Slev em i mas bihainim laik bilong masta long olgeta samting, nogat laik bilong em yet.

📖 **2 Pita 2:19b.** Man o meri kamap slev olsem wanem?

📖 **Hibru 2:14-15.** Wanem samting i save holim pas ol manmeri long kalabus? Husat man i kamapim dispela tingting?

✎

Dispela man em i gat wanem kain powa long mekim olsem?

✎

Ol manmeri husat i kalabus ol bai mekim kainkain pasin bilong amamasim masta bilong ol bikos ol i pret long indai. Ol i laik abrusim dai tasol bikos ol i pret long dai. Olsem masta bilong dispela pret bilong dai, em bosim ol na singautim ol long mekim kainkain pasin bilong kalabusim ol yet. Insait long PNG tu i gat planti manmeri ol i stap olsem, ananit long powa bilong dispela kalabus masta. Seten, o devil, em i save holim pas planti manmeri tude long dispela pret bilong indai.

Ol manmeri husat i pret long indai, ol bai mekim wanem kain pasin?

✎

Tingim nau long ol tok ples tumbuna pasin bilong PNG, planti i stap yet long ples hait.

We discussed earlier the role of the law, the rules and regulations that the Jews found impossible to follow. It is the same with tribal cult practices – they have their own law, and to break that law is to be punished, including to face death through magic – such as witchcraft, sanguma and puripuri. The law of animism is as powerful as the law of the OT in keeping people living in fear of death.

What are some of the things people in PNG will do to keep at bay this fear, and fend off the possibility of death? What are some of the practices you know people who live in fear do?

Do they work?

Are Christians doing these same things? Why?

We must pause now and ask ourselves a personal question - are we in fear of dying? For each of us studying this lesson, this is a personal question as well as a group question. Am I still doing things which show that I am still under the devil's influence because of a fear of death or magic? Take some time to reflect on this. Ask yourself, do I want to be free from this slavery to the fear of death?

Diwai Kros: Save na Strong bilong Bikpela

Yumi stori pinis long wok bilong lo na long ol kastom lo bilong Juda, olsem nogat manmeri inap long bihainim olgeta 100%. Ol tumbuna lo bilong yumi em i wankain – sapos yu brukim kastom lo bilong tumbuna, bai yu dai. Lain makim yu long dai na man bilong wokim posen bai i wokim puripuri. Dispela kain pasin i stap, ah? Lo bilong tumbuna i gat strong wankain olsem long lo bilong ol Juda long pasim yumi insait long dispela pret bilong indai.

Wanem samting sampela ol lain insait long PNG ol i wokim bilong amamasim dispela pret bilong indai?

✎

Yu ting ol dispela samting i save wok gut o nogat?

✎

I gat sampela lain insait long lotu bilong yu husat i save mekim wankain pasin o nogat? Bilong wanem?

✎

Nau yumi mas askim wanpela bikpela askim, i kam long yumi wanwan na bung wantaim. Yumi tu i gat dispela pret bilong indai? Askim yu yet, mi save bihainim sampela pasin bilong amamasim masta bilong dai? Nau tingim gut dispela askim. Mi laik rausim dispela pret bilong indai?

✎

4. The Defeat of Satan

Satan has ruled people's lives, and kept them as slaves to what he wants, because people have believed that he has the power over death. He uses this power to keep people in fear. But Jesus came to free us, to set us free from this fear by destroying the master of power, the devil.

📖 **Colossians 2:13-15** makes this defeat of satan very clear. In Christ what were we before, and what are we now?

🖎

What did God do to the written laws and regulations (the religious Laws) which were against us?

🖎

Can you imagine this as a document nailed to the cross above Jesus' head, perhaps under the sign that read "King of the Jews"? If you could write on this document the laws and regulations and things that keep people in slavery to fear of death, what would you write?

🖎

The written code Paul refers to is the law, the written law with all its rules and regulations. But it applies to any law and regulations that are not from God. The unwritten laws from tumbuna customs were just as strong, and could easily be written down except that ancient cultures were only oral. But they had the same weight and significance, the same negative influence on people's lives, because they were rules and regulations that were designed to meet the fear of death and keep people in slavery to this fear. These laws are all against us, trying to stop us knowing God and the life He gives us.

4. Jisas Winim Seten

Seten em i bin bosim laip bilong planti manmeri na holim ol olsem slev bikos ol i ting olsem em i masta bilong indai. Em i yusim dispela powa long kalabusim ol manmeri long pret. Tasol Jisas em i kam long lusim yumi long dispela pret. Jisas em i daunim seten na bagarapim em na rausim powa bilong em.

📖 **Kolosi 2:13-15.** Dispela ves em i tokaut klia long wok Jisas i bin mekim bilong daunim seten. Insait long Krais yumi stap olsem wanem long bipo, na wanem nau?

✎

Bikpela i mekim wanem long ol kastom lo na ol tok i wok long kotim yumi?

✎

Tingim yet dispela piksa long tingting bilong yu - ol dispela lo i stap long pepa na Bikpela i nilim pepa long diwai kros. Wanpela narapela tok ol i bin raitim i stap long diwai kros, "Dispela man em i King bilong ol Juda" (Luk 23:38). Aiting pepa bilong yu i mas stap klostu long dispela tok. Sapos yu inap rait long dispela pepa na tokaut long ol samting i save holim pas ol manmeri long kalabus bilong pret, yu bai raitim wanem samting?

✎

Ol Juda lain save raitim ol lo long buk tasol hat long raitim ol tumbuna kastom lo bilong yumi bikos planti lapun ol i no save rit na rait. Tasol powa bilong ol dispela tumbuna lo i gat strong. Powa bilong lo em i holim pas yumi long dispela pret bilong indai. Long dispela em i save pasim yumi long save gut long laip yumi kisim long han bilong Bikpela. As tru bilong wok bilong seten em bilong birua wantaim God.

Are you still hanging onto those laws and cult practices because you are still living in fear of death?

🕮

Jesus took these laws and cancelled them, announced that they no longer had any power, they were now useless, invalid, abolished, and he took them and nailed them to the cross. The cross is a place of death, and Jesus said these laws are now dead, 'look, I am nailing them to the cross with me'. Jesus abolished those laws and rituals, and said they now have no power over us.

📖 **Ephesians 2:14-15.** How does this verse describe what Jesus did?

🕮

You don't have to live in fear of death! Jesus frees you from that fear! He has abolished the rules and regulations that satan set in place in your culture and in your life which have kept you a slave to fear.

Think about the things that you might be doing because you are afraid of dying, or because you are living your life in fear? What are they?

🕮

Now ask yourself, do I want to live like a slave? Or do I want to be a free person, living in harmony with my Father God?

🕮

📖 **1 Peter 3:22.** Where is Jesus now, and what is the relationship of the spiritual world to Him?

🕮

Aiting yu yet holim pas ol dispela tumbuna lo bilong yu o nogat? Yu stap yet long dispela hap we yu pret long indai or nogat?

✎

Jisas i kisim ol dispela lo na em i katim ol, brukim powa bilong ol, rausim strong bilong ol, na nilim ol long diwai kros wantaim em. Kros em i ples bilong indai. Jisas i tok olsem, nau ol dispela ol lo ol i dai pinis wantaim mi long diwai kros. Powa bilong ol dispela lo nau em pinis olgeta.

📖 **Efesus 2:14-15.** Ol dispela ves ol i tok wanem long wok Jisas i bin mekim?

✎

Yu no inap stap moa long ples bilong pret! Jisas i rausim pinis dispela pret. Em i brukim na pinisim ol kainkain tumbuna lo seten i bin kamapim long ples lain bilong yu, dispela ol lo i save kalabusim yu.

Tingim gut, wanem kain samting yu save kamapim long laip bilong yu bikos yu pret long indai?

✎

Nau yu mas askim yu yet – inap laip bilong mi stap olsem kalabusman o meri, o bai mi kamap fri na stap wanbel wantaim Bikpela?

✎

📖 **1 Pita 3:22.** Jisas i stap we nau? Na wanem long ol lain bilong heven, ol spirit na ensel na ol masalai?

✎

The Cross: The Wisdom and Power of God

📖 The picture in **Colossians 2:15** is a military one. What did Jesus do to the spiritual powers and authorities (those who opposed Him) at the cross?

✎

When the Roman army had conquered their enemies, disarmed them and taken them captive, the Commander would parade them in chains and shackles through the streets, proclaiming their defeat and publicly humiliating them in front of the community. This is the picture of what Jesus has done with satan and his evil spirits – disarmed them, and publicly through the heavens proclaimed his victory over them.

If satan's army has been disarmed, they have no more weapons, because the laws and rules and regulations which satan has used to keep you in control as a slave have been abolished. Why should we live in fear any more? At the cross Jesus broke the power of satan, and he now invites us to slip those shackles of slavery off our hands and feet, trust him, and live in freedom.

📖 **Galation 5:1**. How does Paul encourage us to live in freedom?

✎

Jesus gives us the invitation to live in freedom. He has done all the work through his death on the cross. The choice is ours.

In our next study we will look at the resurrection and how Jesus gained that victory over satan.

Diwai Kros: Save na Strong bilong Bikpela

📖 **Kolosi 2:15.** Piksa i kamap long dispela toktok em bilong ol ami husat i winim ol birua long pait. Long diwai kros Jisas i mekim wanem long ol strongpela spirit na samting i gat strong, ol lain husat i birua wantim em?

✎

Taim ami bilong Rom ol i winim pait wantaim ol birua lain, ol i save rausim ol masket na banara bilong ol na kalabusim ol wantain rop na sain. Kepten bilong ami em i kalap long hos bilong em na ol kalabusman i mas wokabaut na bihainim em. Ol pipol long ples ol i luksave long win bilong ami na sem bilong ol birua husat i kalabus nau. Ol i wok long daunim ol birua na semim ol tru. Jisas i mekim wankain long seten na ol spirit nogut. Ol lain bilong heven ol i luksave pinis long win bilong Jisas.

Ami bilong seten nau ol i nogat wanpela masket o spia o banara bilong kilim yumi. Nogat. Jisas rausim pinis ol dispela lo na toktok ol i yusim long kalabusim yumi. Long diwai kros Jisas i bin brukim powa bilong seten. Nau em i askim yumi long lusim ol samting i save wok long pasim yumi long kalabus, bai yumi kamap fri.

📖 **Galesia 5:1.** Pol em i tok wanem long strongim yumi long stap fri?

✎

Jisas singautim yumi long stap fri. Long diwai kros em i pinisim wok bilong em long daunim seten na rausim powa bilong en. Nau samting i stap long han bilong yumi tasol. Yumi kisim Krais na stap fri o yumi stap ananit long seten yet?

Nau bai yumi tingting long kirap bek bilong Jisas na win bilong em.

Study 5 - Easter Sunday - Resurrection

1. The Power of God

1 Corinthians 15:1-28

We began our study of the cross by looking at what Jesus did for us on the cross.

📖 **1 Peter 2:24.** What happened to our sins at the cross?

✒

We looked at three words Paul uses to describe what is God's wisdom – righteousness, holiness and redemption.

Then we considered that Jesus must have been fully human in body to be able to die for us, even though he was still fully God in nature. On the cross Jesus actually defeated satan, and releases us from the fear of death. Because the law is so powerful in keeping us in sin, we saw that Jesus abolished the old laws which keep us in slavery, to the fear of death, nailing them to the cross with himself.

📖 **John 20:1-23.** Read these verses to review how the disciples recorded the events of Resurrection Sunday. Is there any doubt about who Jesus is by those who saw Him that day?

✒

In his book, *Paul Through Mediteranean Eyes*, (IVP 2011)[1] Middle Eastern Biblical scholar Kenneth Bailey gives us some insights by recognizing cultural values inherent in Paul's original writings. In 1 Corinthians Paul uses a poetic form of writing Bailey calls a "prophetic rhetorical template" which has seven cameos (pictures) and uses a ring or circular pattern, and which forms a message in itself. This form of writing traces back to the forms used by Hebrew prophets in the Old Testament. The Psalms also often use this form.

---

[1] References in this book are taken from *Paul Through Mediterranean Eyes* by Kenneth E. Bailey. Copyright © 2011 by Kenneth E. Bailey. Used by permission of InterVarsity Press, P.O. Box 1400, Downers Grove, IL 60515, USA. www.ivpress.com

Stadi 5 – Kirap gen long matmat

1. Powa bilong God

1 Korin 15:1-28

Long ol dispela stadi yumi luksave long ol samting Jisas em i kamapim long dai bilong em long diwai kros.

📖 **1 Pita 2:24.** Long diwai kros Jisas mekim wanem long sin bilong yumi?

✎

I gat tripela toktok yumi bin tingim - pasin holi, wokabaut long pasin bilong Bikpela, na baim bek yumi.

Na bihain yumi bin tingting long Jisas, olsem em i man trutru inap long dai pinis long kisim bek yumi. Em man tasol em i God tu. Long diwai kros Jisas i bin winin seten na lusim yumi long dispela pret bilong indai. Yumi kalabus long sin na long ol lo bilong kotim yumi tasol Jisas em i nilim ol dispela lo long diwai kros wantaim em.

📖 **Jon 20:1-23.** Dispela em i stori bilong ol disaipel taim ol wok long painim Jisas long de Sunde. Taim yu ritim, yu tingim, ol lain husat i lukim Jisas ol i gat tupela tingting o ol i klia tumas, yes, em Jisas nau ol i lukim?

✎

Wanpela saveman bilong ol Hibru na Ereb lain, Kenneth Bailey, em i raitim wanpela buk, *Paul Through Mediteranean Eyes* (IVP 2011), na em i tingim ol pasin na kastom bilong ol Juda na Areb na Grik lain long taim bilong Jisas. Em i tok olsem, taim Pol em i raitim dispela pas i go long lain bilong Korin em i save yusim wanpela stail bilong ol tumbuna lain bilong ol long autim stori o singsing. Yumi lukim dispela stail long Olpela Testamen na long Buk Song tu.

Bailey notes:

> These patterns are formed from the well-known parallelisms of the Hebrew Bible where ideas are set out in pairs… the author presents an idea and then adds a second line that may repeat the first line, or present the opposite of the first line. It may illustrate the first line or simply complete it. (Bailey, p.22)

The Bible as we have it, whatever English or language version it is, is a translation from the original Hebrew and Greek languages. Each culture has its own recognisable forms of language and expression, poetry and story telling. Unfortunately these forms can be lost when the words are translated into another language, and that is what has happened in part with our versions of the Bible. So we have lost the sense and significance of the poetry and meaning which it conveys to us – the words may have been translated but the cultural values in how they were written or spoken have not. Just as we tried to understand the culture of the day in Corinth to understand *why* Paul preached against the wisdom of man, understanding *how* he wrote can also add meaning for us.

2. Christ Raised from the Dead

Bailey suggests there are several homilies or messages in 1 Corinthians 15. The first of these messages is:

📖 **1 Corinthians 15:1-11.**

vs 1 – What did Paul do and how did the people respond?

✎

vs 2 – How can these people be saved?

✎

vs 3 – What message did Paul pass on?

✎

vs 4 – What were the next stages of the message in this verse?

✎

Bailey em i toktok:

> I gat kain paten i stap we ol i autim poin tupela taim. Ol i yusim dispela pasin long buk bailel bilong ol Hibru. Long namba tu lain ol i autim wankain toktok gen o ol i senisim liklik tasol bilong strongim namba wan toktok. (tanim tok bilong Bailey, p.22)

Ol saveman bilong tokples ol i bin tanim tok long kamapim buk Baibel bilong yumi long tokples, Tok Pisin or long tok English. Tokples tru bilong buk baibel em i Hibru na Grik. Insait long olgeta tokples i gat stail bilong ol yet, na kainkain pasin bilong autim singsing na stori bilong ol. Tasol taim ol saveman tainim tok i go long narapela tok ples, i hat long bihainim trutru ol dispela stail bilong as tokples. Sampela taim as tingting bilong man husat i raitim stori em i go popaia. Yumi no save klia tumas bikos yumi no save long kastom na tok ples bilong ol. Long Stadi 1 yumi luksave pinis long sampela pasin bilong ol Korin lain long helpim yumi save long tingting bilong Pol taim em i autim tok long ol. Nau yumi tingim pasin bilong Pol taim em i raitim 1 Korin 15 long helpim save bilong yumi.

2. Krais em i Kirap Bek long Matmat

I gat sampela liklik stori i stap long 1 Korin 15. Namba wan em i olsem:

📖 **1 Korin 15:1-11.**

vs 1 – Pol em i mekim wanem na ol lain ol i bekim olsem wanem?

✎

vs 2 – Olsem wanem ol dispela lain inap kisim laip wantaim Bikpela?

✎

vs 3 – Pol em i autim wanem tok long ol?

✎

vs 4 – Narapela hap bilong dispela tok bilong Pol em i wanem?

✎

The Cross: The Wisdom and Power of God

vs 5-8 – What people does Jesus show himself to after the resurrection?

🖋

vs 9-10 – To what does Paul attribute his apostleship?

🖋

vs 11 – How did the people respond to the message preached?

🖋

Bailey (p.422) suggests that the section is structured this way:

1	(vs1) Now I would remind you brethren of the gospel which I preached to you, which you received	I PREACHED You received
2	In which you stand (2) by which you are saved, if you hold it fast – unless you believed in vain	GRACE RECEIVED In vain?
3	(3) For I delivered to you as of first importance what I also received	AN APOSTLE Delivers tradition
4	Christ died for our sins in accordance with the Scriptures, (4) he was buried	THE CROSS
5	He was raised on the third day, in accordance with the Scriptures, (5) he appeared to Cephas then to the twelve	RESURRECTION First Appearances
6	(6) Then he appeared to more than 500 brethren at one time, most of whom are still alive though some have fallen asleep	LATER appearances
7	(7) Then he appeared to James, then to all the apostles, (8) Last of all, as one untimely born, he appeared also to me	LATER appearances
8	(9) For I am the least of the apostles, unfit to be called an apostle because I persecuted the church	AN APOSTLE Unfit persecutor
9	(10) But by the grace of God I am what I am, and his grace towards me was not in vain. Rather I worked harder than any of them though it was not I, but the grace of God which was in me.	GRACE RECEIVED Not in vain
10	(11) Whether it was I or they, so we preached and you believed	WE PREACHED You believed

vs 5-8 – Husat manmeri ol i bin lukim Jisas bihain em i kirap bek?

vs 9-10 – As bilong wok aposel bilong Pol em i wanem samting?

vs 11 – Ol i harim na mekim wanem?

Bailey (p.422) em i tok, rait bilong Pol em i gat stail olsem:

1	(vs1) mi laik kirapim tingting…long gutnius mi bin autim long yupela…yupela kisim pinis…	MI AUTIM TOK Yupela kisim
2	Yupela save sanap strong long en (2) sapos yupela i holimpas ol tok bilong gutnius… God i save kisim bek yupela…sapos yupela i no bin bilip nating.	MARIMARI YU KISIM NATING?
3	(3) Bikpela tok tru mi bin givim long yupela… tok mi bin kisim bipo…	APOSEL Autim tumbuna tok
4	Krais i bin i dai bilong rausim olgeta sin bilong yumi, olsem tok i stap long buk bilong God. (4) na ol i putim em long matmat	DIWAI KROS
5	Long de namba 3 em i kirap bek, olsem tok i stap long buk bilong God. (5) Em i kamap long Pita na bihain long 12 aposel	KIRAP GEN Paslain lukim em
6	(6) bihain planti brata wantaim i lukim em, namba bilong ol winim 500. Planti moa bilong ol dispela brata i stap yet, tasol sampela i dai pinis	BIHAIN Sampela ol i lukim em
7	(7) Bihain Jems i lukim em, na olgeta aposel… (8) Na bihain…em i kamap long ai bilong mi	BIHAIN Narapela i lukim em
8	(9) Mi liklik tumas long ol… pastaim mi bin wok long bagarapim sios bilong God.	APOSEL Mi no inap
9	(10) Tasol God i marimari long mi… marimari bilong en in no lus nating…God i marimari long mi na givim strong long mi long mekim wok.	MARIMARI KISIM I no lus nating
10	(11) …Mipela olgeta i save autim dispela tok bilong Jisas i dai na kirap bek. Na yupela i harim na bilipim.	MIPELA AUTIM TOK Yupela bilipim

Bikpela poin i stap long numba 4 na 5.

Here are some points to note:

1. Vs 3 & 4 (section 4 & 5 above) is the heart of the creed (a confession of true faith) used by the early church, and which became the basis for the Nicene Creed adopted by the First Council of Nicea in 325 AD, the Second Ecumenical Council in 381 AD in Constantinople, and adopted by most Christian Churches in some similar form since. The 381 AD version follows:

> We believe in one God, the Father Almighty, the maker of heaven and earth, and of all things visible and invisible;
> And in one Lord Jesus Christ, the only begotten Son of God, begotten of God the Father before all worlds, the Only-begotten, that is of the essence of the Father.
> God of God, Light of Light, true God of true God, begotten, not made; being of one substance with the Father;
> by Whom all things were made;
> Who for us men and for our salvation came down from heaven, was incarnate by the Holy Spirit of the virgin Mary, and was made man;
> **He was crucified for us under Pontius Pilate, and suffered and was buried, and the third day he rose again according to the Scriptures, and ascended into heaven** and sits at the right hand of the Father;
> from there he shall come again, with glory, to judge the quick and the dead;
> whose kingdom shall have no end;
> And in the Holy Spirit, the Lord and Giver of life, who proceeds from the Father, who with the Father and the Son together is worshiped and glorified, who spoke by the prophets;
> In one holy catholic and apostolic Church; we acknowledge one baptism for the remission of sins; we look for the resurrection of the dead, and the life of the world to come. Amen.

How important is it to be able to identify who are true Christians by a creed which people either agree with or not? In your cultural group or clan, are there specific equivalents of a creed which identify the people in your group?

✎

Cult or alternative religious groups sprang up quickly around the early church. It is worth noting that there are some groups which call themselves Christian but who do not fully agree to this creed.

Yumi tingim dispela poin:

1. Vs 3 & 4 (lukim namba 4 & 5). Ol aposel i bin kamapim wanpela toktok bilong strongim ol bilipmanmeri na long tokaut stret long as bilip long ol Kristen. Dispela tokaut bilong bilip ol i kolim "krid". Bihain long 'First Council of Nicea' long 325 AD, na 'Second Ecumenical Council' long 381 AD, ol lida bilong sios ol i oraitim dispela tok na planti ol sios ol i bin yusim dispela krid olsem as toktok bilong bilip. Tok ol i oraitim long 381 AD em i wankain long dispela:

> Mi bilip long God Papa, em i gat olgeta strong, em i as bilong heven na graun olgeta, em yet i putim;
> Mi bilip long Jisas Krais, em wanpela tasol em i Pikinini tru bilong God. Em i Bikpela bilong yumi;
> Holi Spirit i putim em long bel bilong yangpela meri Maria, na em i karim em;
> Pontias Pailat i tok na i givim pen long em, na ol i nilim em long diwai Kros;
> **Em i dai pinis na ol i planim em, na em i go daun long ples bilong ol daiman;**
> **Em i kirap bek long matmat long de namba tri;**
> Na bihain em i goap long heven;
> Nau em i sindaun long han sut bilong God Papa i gat olgeta strong;
> Bihain Em bai i kam bek bilong mekim kot long ol man i gat laip na long ol daiman;
> Mi bilip long Holi Spirit,
> Mi bilip long Holi Kristen Sios. Mi bilip long olgeta Kristen i wanbel tru,
> Mi bilip long God i save tekewe olgeta sin bilong yumi,
> Mi bilip long olgeta daiman bai i kirap long matmat,
> Mi bilip long God i save givim yumi laip i stap oltaim oltaim. Tru.

Yu ting wanem, gutpela i gat wanpela as toktok olsem 'krid' bilong helpim yumi long save tru long husat i Kristen tru, o nogat? Olsem, manmeri husat i wanbel wantim dispela krid, ol i mas stap Kristen tru long bel bilong ol. Long ples bilong yu, i gat sampela kain tumbuna tok i stap long makim ol lain bilong yu?

✎

Planti ol giaman sios ol i bin kirap bihain long sios trutru i kirap long taim bilong ol aposel. Sampela ol i tok olsem, 'mipela kristen' tasol ol i no wanbel wantaim dispela krid. Ol i tok, Jisas i no bin dai tru, o Jisas em i man tasol, em i no God wantaim, o ol i no bilip olsem God em i triwan.

The church labelled them as cults or heretical and excluded them from true fellowship, based on whether they agreed with the creed or not. Can you identify any such cults or groups today that you know of?

✎

2. 6 & 7 are presented in step parallelism, but with a surprise (Paul):

Jesus appeared to:	Cephas (Peter)
	The Twelve
	The five hundred
	James
	The Apostles
	More than 500,
	and then to Paul himself (after His ascension).

3. Most importantly what he reaffirms is that they initially RECEIVED the gospel (vs 1), and then BELIEVED it (vs 11). The word received was actually part of a rabbinic formula for passing on traditions – we have to receive something before we can pass it on. But when we make a commitment to that message, then we believe it! He commends the Corinthians for believing the gospel after receiving it.

4. The "climactic centre" of this message is in 4, 5 &6. This basic creed was no doubt started by the very early church, and Paul here recites it, he does not invent it. Six phrases once again follow step parallelism:

1. The event:	Christ died for our sins
2. Its sacred roots:	in accordance with the Scriptures
3. Its historical proof:	He was buried.
4. The event:	He was raised on the third day
5. Its sacred roots:	in accordance with the Scriptures
6. Its historical proof:	He appeared to many.

(Bailey p. 428)

This creed focuses on the atonement of Christ, and links the death and resurrection of Christ (the Messiah) as the key components of true Christian belief.

Sios i tambuim ol dispela lain husat ino wanbel wantaim krid. Ol i givim nem 'kult' long ol, olsem ol i no bilip tru long ol samting i stap long buk Baibel. Aiting i gat sampela kult lain i stap tude, ah? Yu lukim sampela i stap long hap bilong yu?

✑

2. Long 6 & 7 Pol i gat wanpela kain stail long raitim :

Husat i lukim Jisas:	Sifas (Pita)
	12 aposel
	500
	Jems
	Ol aposel
	Moa long 500,
	Na bihain long Pol (bihain long Jisas go antap).

3. Bikpela samting – Pol i strongim dispela tok, olsem pastaim ol i KISIM gutnius (vs 1) na bihain ol i BILIPIM gutnius (vs 11). Dispela tok em i wankain long stail bilong ol Hibru saveman bilong givim tumbuna stori long ol yungpela. Pastaim yumi mas kisim stori na bihain yumi ken autim long narapela. Tasol taim yumi givim bel long dipela stori, nau yumi bilipim tru. Pol em i amamasim ol Korin lain long kisim na bihain long bilipim gutnius.

4. As tru bilong gutnius i stap long 4, 5 & 6. Dispela em mas krid bilong namba wan lain bilong bihainim Jisas. Pol em i autim tasol, em i no kamapim nating. Pol em bihainim dispela stail bilong tupela toktok bilong strongim poin bilong em:

1. Samting i kamap:	Krais em i dai long rausim sin bilong yumi
2. As (tumbuna) toktok:	olsem tok i stap long buk bilong God
3. Stori bilong man:	Ol i putim em long matmat.
4. Samting i kamap:	Long de namba 3 em i kirap bek
5. As (tumbuna) toktok:	olsem tok i stap long buk bilong God
6. Stori bilong man:	Planti brata wantaim i lukim em.

(Bailey p. 428)

Long dispela krid yumi lukim strongpela tingting i stap long wok bilong Jisas, dai na kirap bek bilong em (olsem Mesia). Dispela em i as tru bilong bilip bilong yumi trutru kristen.

3. The Significance of the Resurrection

📖 **1 Corinthians 15:12-20**

Summarise in your own words what you think is the main point that Paul is making in this passage.

✎

Once again this short message is in a rhetorical ring structure, where Paul's focus was on making clear what was at stake if the resurrection was denied, addressing the confusion in the Corinthian church on this issue:

1	(vs12) And if Christ is preached as raised from the dead	CHRIST IS RAISED (+) From the dead
2	How can some of you say "There is no resurrection of the dead?"	YOUR VIEW No resurrection (-)
3	(13) And if there is no resurrection of the dead then Christ has not been raised (14) And if Christ has not been raised then our preaching is empty and your faith is empty	NO RESURRECTION (-) (If) Christ not raised Preaching – empty Faith - empty
4	(15) We are even found to be misrepresenting God **because we are witness of God He raised the Messiah (Christ)** Whom he did not raise If it is true that the dead are not raised	WE – LYING (-) **Our witness (+) CHRIST IS RAISED** Not raised (-) No resurrection (-)
5.	(16) For if the dead are not raised then Christ has not been raised (17) And if Christ has not been raised Your faith is futile And you are still in your sins.	NO RESURRECTION (-) (If) Christ not raised Faith – futile Salvation - none
6	(18) Then those asleep in Christ have perished (19) If in this life we have hope in Christ only We are of all men most to be pitied	RESULT OF YOUR VIEW (-) We are most pitied
7	(20) But now Christ has been raised from the dead, the first fruits of those who sleep	CHRIST IS RAISED (+) First fruits

(Bailey, p. 437)

3. As Tru bilong Kirap Bek bilong Jisas

📖 **1 Korin 15:12-20**

Taim yu ritim dipela ves, long tingting bilong yu, as tru bilong dispela tok bilong Pol em i wanem?

Pol em i yusim dispela kastom stail bilong raunim toktok gen. Em i laik strongim yumi long save gut long wanem samting bai i kamap sapos yumi tok nogat long kirap bek bilong Jisas. I luk olsem sampela giaman lain ol i wok long paulim tingting bilong ol Korin lain long dispela:

1	(vs12) mi autim tok…Krais i bin i dai na God i kirapim em bek	KRAIS EM I KIRAP (+) Lusim matmat
2	Bilong wanem sampela namel long yupela tok olsem, "man i dai pinis, em i no inap kirap bek?"	TINGTING BILONG YUPELA Nogat kirap bek (-)
3	(13) Sapos i tru ol man i dai pinis i no inap kirap bek, yumi mas tok, "God i no bin kirapim Krais." (14) Na sapos God i no bin kirapim Krais, tok mi autim em i samting nating, na bilip bilong yupela tu em i samting nating.	SAPOS NOGAT KIRAP BEK(-) Krais em i no kirap bek Autim tok – samting nating Bilip – samting nating
4	(15) na mipela kamap man i tok gaimon long samting God i mekim, **mipela (luksave pinis na) tokaut klia olsem Bikpela i kirapim Krais,** em i no kirapim Krais, sapos i tru God i no save kirapim ol man i dai pinis.	MIPELA GIAMAN (-) **Mipela Luksave (+) Krais em i kirap bek** Krias i no bin kirap (-) Nogat kirap bek (-)
5	(16) Sapos God i no save kirapim ol man i dai pinis, em i no kirapim Krais. (17) Na sapos God i no bin kirapim Krais, bilip bilong yupela i no inap helpim yupela, Yupela i stap yet long sin bilong yupela.	SAPOS NOGAT KIRAP BEK (-) Krais i no bin kirap bek Bilip – i no inap helpim Nogat orait long ai bilong God
6	(18) Ol man i dai long Krais ol i lus pinis. (19) Sapos yumi kisim laip long dispela graun tasol, yumi tarangu lain stret, winim ol arapela.	KAIKAI BILONG DISPELA TINGTING (-) Yumi tarangu lain stret
7	(20) Tasol tru tumas, God i bin kirapim em bek. Em kirap paslain long ol arapela man i dai pinis... olsem namba wan kaikai i redi long gaden.	KRAIS KIRAP BEK (+) Olsem namba wan kaikai

(Bailey, p. 437)

Some people were claiming that there is no resurrection and so Jesus could not have been raised to life after dying. Paul's argument is simple:

If the dead are not raised to life, then Jesus could not have been resurrected, what we are preaching is a lie and we have no hope. However, so many people including ourselves have seen the risen Jesus so we know that there is a resurrection, Jesus being the first.

📖 **1 Corinthians 15:20-23.** When Paul states that Jesus is the "first fruits", what does he mean? What does this mean for you and I?

We could summarise Paul's message as:

> No resurrection → hopeless end!
>
> Resurrection → endless hope!

4. The Importance of the Resurrection

📖 **1 Corinthians 15:24-28.**

📖 **1 Corinthians 15:21-23, Romans 5:12.** Paul compares Adam and Christ. What are the differences between Adam and Christ that Paul notes:

Notice the continued emphasis on Jesus' human nature. Death came through Adam, and now, resurrection comes through a man, Christ.

- ❖ Because Jesus was a man, he could die.
- ❖ Because he was a man, then he also represented mankind when he died.

Sampela giaman lain ol i autim tok olsem i nogat kirap bek. Sapos olsem, Jisas i no inap kirap bek bihain em i dai pinis. Pol em i bekim wantaim dispela gutpela tingting na toktok:

Sapos ol man i dai pinis ol i no inap kirap bek, Jisas i no inap kirap bek na tok mipela autim em i giaman na mipela ol tarangu lain stret. Tasol planti bilong mipela i bin lukim Jisas pinis long ai bilong mipela bihain em i kirap bek. Olsem mipela save pinis, kirap bek em i tru na Jisas em i namba wan man husat i dai pinis na kirap bek gen.

 1 Korin 15:20-23. Taim Pol em i tok, 'Jisas em i namba wan kaikai", em i min wanem? Dispela em i min wanem long yu na mi?

Yumi ken bungim toktok bilong Pol olsem:
> Nogat kirap bek → (hopeless end!) Tarangu pasin pinisim yumi.
> I gat kirap bek → (endless hope!) Nogat samting long pinisim yumi

4. Bikpela samting bilong Kirap Bek

 1 Korin 15:24-28.

 1 Korin 15:21-23, Rom 5:12. Pol em i tingting long Adam na Jisas. Em i makim wanem narakain pasin bilong tupela?

Lukim olsem Pol em i klia olsem Jisas em i man tru. Dai i kamap long han bilong wanpela man, Adam, tasol kirap bek i kamap long han bilong narapela man, Jisas.

- ❖ Jisas inap dai pinis bikos em i man tru.
- ❖ Tasol bikos em i man true em inap makim olgeta manmeri.

- ❖ Because he was sinless though, and in nature God, he was not under the same curse of sin as mankind, so he could be a perfect sacrifice for mankind's sin.
- ❖ Because he was God, he could die for us as the one sent by God in his rescue mission to save us.
- ❖ Because he was God's Son, he was not someone else who stepped in between God and man, but was actually God himself finding a way to reconcile man to himself.

Consider the story of the burglar who steals from a judge's house. He is caught and then ends up before the same judge in court. The judge passes the mandatory sentence on the man, two years in prison. But then the judge releases the man and steps in himself to serve the sentence. That's what God does in Christ.

📖 **Act 1:9-11; Ephesians 1:19b-23.** Where is Jesus now?

✎

What are the "rules, titles, dominions, authorities and powers" that are referred to, and what is Jesus' relationship to them?

✎

What must happen before Jesus places himself under God's final authority?

✎

📖 **Revelation 21:4.** What happens to death?

✎

❖ Jisas i man trutru tasol em i no mekim sin, olsem em wankain long God. Olsem em i no i stap ananit long kot bilong Bikpela. Long dispela em inap kamap olsem ofa bilong rausim sin bilong olgeta manmeri.

❖ Bikpela i salim Jisas, pikinini bilong em, long dai long yumi bilong helpim yumi bai yumi no lus.

❖ Jisas em i no namel man, nogat, em God tasol. Insait long Krais yumi lukim God tasol em i kisim rot bilong yumi long oraitim sindaun bilong yumi wantaim em.

Tingim dispela tok pisksa. Wanpela stilman em i brukim haus bilong wanpela jas (man i bosim kot) na stilim sampela kago bilong jas. Bihain Polis kisim em na em i sanap long kot. Tasol man husat i brukim haus bilong em nau em i stap jas bilong em. Jas em i kalabusim em long tupela yia long kalabus, olsem lo i tok. Tasol nau jas i kam daun long ples bilong jas na kisim ples bilong stilman. Em i tokim stilman, "nau yu bai go fri na mi kisim dispela kalabus bilong yu". Police kisim jas na kalabusim em na stilman em i stap fri. God em i jas bilong yumi tasol long Krais em i kisim ples bilong yumi.

📖 **Aposel 1:9-11; Efesus 1:19b-23.** Jisas i stap we nau?

✎

Ol "kain strongpela spirit, hetman na olgeta gavman" em husat? Ol i gat wanem kain sindaun wantaim Jisas?

✎

Wanem samting bai i kamap? Bihain long dispela samting Jisas bai bungim em yet ananit long het bilong Bikpela.

✎

📖 **Kamapim Tok Hait 21:4.** Wanem samting bai i kamap long indai?

✎

If Jesus had not been resurrected, then death would have won! Satan is the master of death, and his plan was to kill Jesus. On Friday it looked like his plan had worked. But on Sunday Jesus' victory over Satan was clear – Jesus had died and then come to life again. Death did not hold any power over him! This is the power of the resurrection and why it is so central to our faith.

We don't need to fear death any more because God's Word promises that just as Jesus overcame death, so will we who are in Christ. When your earthly body has finished its journey, your physical death will release you to join Jesus with a heavenly body. It's a transition to glory.

Jesus now lives as King and Lord of the universe. He has already captured and disarmed satan and his armies of evil spirits, and he is progressively destroying his enemy's power. Finally God will destroy death itself.

📖 **1 Corinthians 15:27.** What does this verse mean?

When the government of Emperor Haile Selassie, Emperor of Eritrea in Africa, was overthrown in 1975 by Mengistu Haile Miriam, the Emperor disappeared and his body was never found. Later on, when Mengistu's government was overthrown, the new rulers wanted to find Haile Selassie's body. When the palace servants were asked about it, they told them to dig up the tiles under the desk of Mengistu's office. They found the body of Emperor Selassie buried there. Every day when Mengistu went to work and sat at his desk, his enemy was "under his feet".

This is the picture of a victory that has no chance of a comeback or reversal. It is final. By overcoming death, and defeating Satan by doing so, Jesus has established his rule as the Lord of Lords and King of Kings. God's enemies area under his feet.

Sapos Jisas em i no kirap bek gen, dai bai win! Seten em i bos bilong indai na em i laik kilim Jisas i dai. Long Fride i luk olsem seten em i win pinis. Tasol long Sunde Jisas em i kirap bek gen na em i winim powa bilong seten. Nau indai i no inap holim Jisas, nogat powa long daunim em moa. Dispela powa bilong kirap bek em namba wan samting long bilip bilong yumi Kristen trutru.

Yumi no inap guria long seten na pret long indai. Buk Baibel tok olsem, Jisas winim indai na em i namba wan kaikai long kirap bek. Bihain yumi husat i stap insait long Krais bai yumi bihainim Jisas na kirap bek. Taim bodi bilong yumi pinisim raun bilong em, Bikpela bai kirapim yumi na yumi kisim nupela body na bai yumi stap wantaim Jisas long narapela ples. Bikpela bai sensim yumi na bungim yumi long ples heven.

Jisas nau em i stap olsem King bilong olgeta graun na sky na heven. Em i kalabusim seten wantaim olgeta masalai na spirit nogut bilong en, na em i brukim powa bilong ol.

📖 **1 Korin 15:27.** Long tok Englis em i tok "God em i putim olgeta samting <u>aninit long leg bilong em</u>" Em i min wanem?

✎

Long kantri Etiopia long Efrika, i bin i gat wanpela king, Haile Selasi. Birua bilong em, Mengistu Haile Miriam wantaim ami bilong em ol i bin rausim Haile Selasi long 1975 wantaim pait. Tasol Haile Selasi em i lus na ol i no lukim bodi bilong em moa. Bihain nupela gavman i rausim Mengistu na nupela lain ol i wok long painim bodi bilong Selasi. Ol i askim ol wokman bilong Haus King. Ol i bekim tok olsem, ol i mas rausim ol ston i stap antap long flua long opis bilong Mengistu. Ol i painim pinis bodi bilong Selasi we ol birua ol i bin planim em aninit long flua, aninit long table bilong Mengistu. Long olgeta de, taim Mengistu sindaun long table bilong em, bodi bilong birua bilong em i stap "aninit long leg bilong em".

Dispela em i gutpela piksa long wok Jisas i mekim long daunim birua bilong em na bungim ol aninit long lek bilong Bikpela.

5. The Application of the Resurrection

📖 1 Corinthians 15:50-57

📖 1 Corinthians 15:50. What does Paul mean by this verse?

📖 How does this relate to his earlier words in **1 Corinthians 1:17, 18, 23.**

📖 1 Corinthians 15:51-56. Paul explains what will happen at the resurrection of the dead. Why does he say that "death has been swallowed up in victory"?

📖 I Corinthains 15:57. What is the victory that Paul mentions here?

When we hear and RECEIVE the message of the cross, of the death and resurrection of Christ and his victory over satan, we take the first step. When we BELIEVE this message, receive the risen Christ and are born again in Christ and commit ourselves to follow him, we not only have our sins removed in God's sight, we not only enter into a new life in which we can be free from satan and fear, but we will one day be resurrected ourselves and join Jesus, who is the first fruits, the first of many to follow. We will live, and not die. That is our victory in Christ over death and satan.

5. Kirap Bek em i wanem long laip bilong yumi?

📖 **1 Korin 15:50-57**

📖 **1 Korin 15:50.** Pol em i tok wanem long dispela ves?

✎

📖 Tingim gen **1 Korin 1:17, 18, 23.** Em wankain tingting long 1 Korin 15:50 o nogat?

✎

📖 **1 Korin 15:51-56.** Pol em i toksave long wanem samting bai i kamap long taim bilong kirap bek? Bilong wanem Pol em i tok, "God i winim pait na em i pinisim dai tru"?

✎

📖 **1 Korin 15:57.** Dispela pait yumi winim, em wanem?

✎

Taim yumi save harim na KISIM stori bilong diwai kros, long dai na kirap bek bilong Jisas Krais na win bilong em long seten, yumi kamapim namba wan lekmak. Taim yumi BILIPIM dispela stori, givim bel bilong yumi long Jisas na bihainim em, Bikpela em i marimari long yumi na rausim sin bilong yumi long ai bilong em. Yumi go insait long nupela laip wantaim Bikpela, yumi stap fri long seten na pret, na bihain bai yumi kirap bek wantaim Jisas. Dispela tasol em i win bilong yumi. Yumi kisim laip oltaim oltaim tasol.

Someone has phrased it like this:

- ❖ Born once, die twice
- ❖ Born twice, die once

📖 **I Corinthains 15:58.** How does Paul conclude this chapter with a word of encouragement. Compare his opening verses in **1 Corinthians 15: 2, 10** and the summary by Bailey. How do we know that our work for God is not in vain?

✎

What have you learned from this study that gives you greater confidence in living for God and serving Christ?

✎

Wanpela em i tok olsem:

- ❖ Sapos yu bon wanpela taim, bai yu dai tupela taim.
- ❖ Sapos yu bon tupela taim, bai yu dai wanpela taim tasol.

📖 **1 Korin 15:58.** Long dispela las tok bilong Pol long 1 Korin 15 em i mekim wanem toktok long strongim ol bilip lain?

✎

Tingim namba wan tok bilong Pol long **1 Korin 15: 2, 10** wantaim tok bilong Kenneth Bailey. Olsem wanem yumi ken save olsem wok yumi mekim bilong bihainim Bikpela em i no samting nating?

✎

Wanem samting yu bin lainim long dispela stadi bilong givim strong long yu long bihainim Jisas and mekim wok bilong em?

✎

About the Author

Mike Jelliffe has spent most of his working life in PNG since arriving in 1971. He has worked in aviation with commercial operators, Mission Aviation Fellowship and government organisations, and as a missionary pastor ordained in the Evangelical Church of PNG (ECPNG). In addition to aviation qualifications, he holds a Diploma from the Bible College of South Australia, Master of Arts in Intercultural Studies from Fuller Theological Seminary (School of World Mission) USA and Certificate IV in Training and Assessment (NSW TAFE).

The author invites feedback on this book and the studies therein, which can be sent to the publisher at: nengebooks1@gmail.com

---

Endnotes

[i] References in this book are taken from *Paul Through Mediterranean Eyes* by Kenneth E. Bailey. Copyright © 2011 by Kenneth E. Bailey. Used by permission of InterVarsity Press, P.O. Box 1400, Downers Grove, IL 60515, USA. www.ivpress.com